党家村志

LOCAL RECORDS OF DANGJIA

陕西省韩城市西庄镇党家村志编纂委员会　编

图书在版编目（CIP）数据

党家村志 / 陕西省韩城市西庄镇党家村志编纂委员会编 . -- 北京 : 方志出版社，2018.11

（中国名村志丛书）

ISBN 978-7-5144-3375-3

Ⅰ. ①党… Ⅱ. ①陕… Ⅲ. ①村史—韩城 Ⅳ. ① K294.15

中国版本图书馆 CIP 数据核字（2018）第 244990 号

· 中国名村志丛书 ·

党家村志

编　　者：	陕西省韩城市西庄镇党家村志编纂委员会
责任编辑：	董　琳
出 版 人：	冀祥德
出 版 者：	方志出版社 地址　北京市朝阳区潘家园东里 9 号（国家方志馆 4 层） 邮编　100021 网址　http://www.fzph.org
发　　行：	方志出版社图书经销中心 电话　（010）67110500
经　　销：	各地新华书店
排　　版：	北京纺印图文设计制作有限公司
印　　刷：	北京中科印刷有限公司
开　　本：	787 × 1092　　1/16
印　　张：	14
字　　数：	280 千字
版　　次：	2018 年 11 月第 1 版　　2018 年 11 月第 1 次印刷

ISBN 978-7-5144-3375-3　　**定价**：115.00 元

◉ 序一

中共十九大报告明确提出："坚定文化自信，推动社会主义文化繁荣兴盛。""没有高度的文化自信，没有文化的繁荣兴盛，就没有中华民族伟大复兴。要坚持中国特色社会主义文化发展道路，激发全民族文化创新创造活力，建设社会主义文化强国。"编修地方志是中华民族千百年来的固有传统，留下了浩如烟海的历史文献，承担着传承中华文明、发掘历史智慧的重任，发挥着存史、育人、资政的作用。

在习近平新时代中国特色社会主义思想指引下，在增强文化自信、推动传统文化创造性转化、创新性发展背景下，全国地方志事业迎来了开拓创新与转型升级的重要机遇期。中国地方志指导小组及其办公室组织实施的中国名村志文化工程，用中国独有的文化载体——地方志，来记录乡村的"名"和"特"，记录乡村全面建成小康社会的进程和取得的成就，是地方志围绕以人民为中心开拓创新的具体举措，是传承乡土文化、坚定文化自信、加快建设社会主义文化强国的内在要求，是服务乡村振兴战略、加快全面建成小康社会、推进社会主义现代化建设、实现中华民族伟大复兴中国梦的应有之义。

实施中国名村志文化工程，是方志人贯彻落实习近平总书记"农村要留得住绿水青山，系得住乡愁"重要讲话精神的重要举措。"望得见山、看得见水、记得住乡愁……"习近平总书记用诗意的语言为中国的新农村建设指明了方向。开展新农村建设、美丽乡村建设，一定要把绿水青山保留下来，尽可能在原有村庄形态上改善农民生活条件，不盲目拆旧，也不盲目造新，让家乡的每一条河、每一棵树、每一口井，都能永远成为我们的乡愁。这是我们弘扬传统、面向未来的底气所在。那么，如何留住乡音、乡风、乡思，继承传统文化菁华，挖掘历史智慧，成为极其重要的工作。实施中国名村志文化工程，保护抢救、传承保存、开发利用宝贵的村落文化，重新唤起人们记忆中古老村落的青山绿水、小河大树、轶事掌故，打造完整记录乡村发展嬗变和现代化农村经济社会运行模式的系列中国名村志丛书，让乡土文化回归并为困惑的当代人提供精神家园，让农耕文化的优秀菁华成为建构农村文明的底色，无疑具有重要的现实意义和深远的历史意义。

实施中国名村志文化工程，是方志人贯彻落实党中央乡村振兴战略的鲜活实践。中共十八大以来，以习近平同志为核心的党中央高度重视农业、农村、农民工作，提出了许多新理念、新思想、新战略，特别是中共十九大报告作出实施乡村振兴战略的重大部署。2018 年 9 月 26 日，中共中央、国务院印发《乡村振兴战略规划（2018—2022 年）》，明确提出“鼓励乡村史志修编”。深入推进中国名村志文化工程，有利于全面翔实记录乡村振兴进程，客观记载地理环境、历史沿革、姓氏源流、人口、民族、方言、民居、宗祠、风俗习惯、家谱族谱、家规族规、宗教信仰、文物遗址、掌故传说、历史事件、人物等，完整保留乡土文化的原貌。所有这些工作，可以为延伸地方志工作触角，充分发挥志书存史、育人、资政功能提供借鉴；可以为社会各界和华人华侨、港澳台同胞寻根问祖、反哺桑梓、泽被乡里提供帮助。依托中国名村志文化工程的重要平台与载体，乡村振兴战略下的现代乡村将进一步挖掘自身独特内涵，彰显其新时代的作用及意义。

中国名村志文化工程从新时代中国特色社会主义的新需求出发，创新体例，立足实际，内容既严谨又通俗，展示了不同地区自然和社会风貌，在坚持志体基础上运用专题报告、回忆录、人物访谈、新闻资料等多种手法，重点介绍农村地区在转型发展方面的探索、示范、引领意义，对于不断提高地方志事业围绕中心服务大局的能力，为乡村改革发展贡献历史智慧，讲好中国故事，彰显中国软实力，增强“四个自信”等方面具有积极意义。

两年来，在借鉴中国名镇志丛书及各地乡镇（村）志宝贵编纂经验的基础上，中国名村志丛书编修不断取得丰硕成果，产生了良好的社会效益，新一批中国名村志的申报数量、覆盖范围延续强劲增长态势，充分体现出强大的内生动力。下一步，要总结经验、把握规律，为服务国家城镇化建设和乡村振兴战略打造更多优秀文明成果，推动中华优秀传统文化创造性转化和创新性发展，从中提炼出适合新时代、新形势、新变化、新要求的文化精髓，展现中国方志的当代价值和世界意义。

是为序。

中国社会科学院院长
中国地方志指导小组组长　谢伏瞻

◉ 序二

连绵不断地编修地方志是中国独有的优秀文化传统，承担着赓续文明、传承文化的重任。保存至今的8000余种、10万余卷历代方志，蕴含着传统文化基因和海量文化信息，既是中华优秀传统文化的重要组成部分，又是传承、彰显中华优秀传统文化的重要载体。

在各种类型的地方志编纂中，村志编纂古已有之，但从未进入国家层面的地方志编纂序列。新中国成立以来，党中央、国务院高度重视包括村志编纂在内的地方志工作，出台了重要文件。中央领导发表了重要讲话、作出了重要批示。习近平总书记高度重视包括村志编纂在内的地方志工作。2004年10月，他在担任浙江省委书记时到江山市凤林镇白沙村考察，看到村民编纂的《白沙村志》，鼓励村民把村志继续编纂下去。2014年4月，刘延东副总理在与第五次全国地方志工作会议部分会议代表座谈时指出："要结合发展的新形势，加强对地方志包括部门志、行业志、专题志、乡镇村志编纂的业务指导和服务。"2015年8月，国务院办公厅印发的《全国地方志事业发展规划纲要（2015—2020年）》，正式将中国名村志文化工程列为主要任务之一。2017年5月，中共中央办公厅、国务院办公厅印发的《国家"十三五"时期文化发展改革规划纲要》指出："完成省、市、县三级地方志书出版工作。开展旧志整理和部分有条件的镇志、村志编纂。"可以说，村志编纂迎来了历史上的最好时期。

农业、农村、农民"三农"问题，是数千年来影响中国社会发展最核心的问题。中共中央高度重视"三农"工作，从2004年起，连续13年，每年的中央1号文件都聚焦"三农"。中共十九大报告更是提出"农业农村农民问题是关系国计民生的根本性问题，必须始终把解决好'三农'问题作为全党工作重中之重"，特别是提出了"乡村振兴战略"，这是中国共产党在中国特色社会主义进入新时代后，对农村发展问题所做出的准确把握和与时俱进的战略应对，是建设中国特色社会主义强国战略的重要组成部分。改革开放近40年来，在党中央、国务院高度重视社会主义新农村建设的新形势下，各地涌现出一大批历史文化名村、经济强村、新农村建设示范（试点）村、美丽乡村和特色村，成为先进生产力和先进文化的代表。客观记录中国农村全面建成小康社会的进程，向后人展示在中国共产党领导下农村千年未有的巨变，是地方志工作者肩负的光荣而重大的历史使命。编纂中国名村志丛书，是记载当代中国农村发展变革的重要途径。

文化寻根，寻的是其发展的源头和根基。村落是中国传统文化的根基所在。农村的生产生活方式、社会规范、宗族文化、宗教文化、民风习俗、传统节日、民间艺术等，无不镌刻着中国人独特的民族性格，这就是家国情怀、文脉绵延、精神归属。在快速城镇化进程的冲击和开发性破坏下，大量传统村落面临消亡的危机，村落蕴含的历史文化信息也流失殆尽，抢救性保护刻不容缓。编纂中国名村志丛书，是保存村落历史文化信息，抢救、保护村落文化最好的方式。

一方水土养一方人。家乡的山水草木、村间小巷、乡俗民情会在每个人心头留下深刻的烙印，这就是故土情结。而村落的形成与发展离不开人的活动。编纂中国名村志丛书，通过记述村落建筑、名门望族来追溯村落的历史；通过记述村落规模、布局、人口、物产等反映人口来源、宗族兴衰、生活习惯、文化背景、宗教信仰、经济发展等，体现环境与人相互影响、相互作用、相互发展的既矛盾又统一的关系；通过记述戏剧、音乐、舞蹈、美术、文学、手工技艺等文化形式，展示百姓在长期的生产生活实践中摸索和总结出的智慧结晶，强化人们沟通感情的纽带。编纂中国名村志丛书，是传承乡俗、诉说乡音、记住乡愁、纾解乡思，激活历史传统、唤起共同文化记忆、塑造共同心灵认同的重要文化工程。

中国名村志文化工程以践行文化自信、传承中华文脉、彰显时代发展为己任，以打造全国地方志系统的重要品牌为目标，在体裁运用、篇目设置、资料选择等方面进行大量的创新，突出“名”和“特”，拣选各个名村中最值得记述、最具有代表性的人、事、物，予以浓墨重彩的描画，从而形成系列的、高质量的、可读性强、雅俗共赏的地方志读本，让地方志紧接地气、贴近百姓，让地方志成果进入寻常百姓家，让人民群众共享地方志成果，让越来越多的人从地方志中感知传统、历史和记忆，成为传统村落和传统文化的守护者，成为中华优秀文化的传承者。

是为序。

中国社会科学院原院长
中国地方志指导小组原组长　王伟光

◉ 序三

习近平总书记指出："让居民望得见山，看得见水，记得住乡愁。"这句富有诗意的重要论述不仅唤醒了中国人城镇化建设过程中对于人和自然关系、人和历史关系的思考，同时也引发了学界对"乡愁"进一步进行文化意义解读的兴趣。从本质上看，乡愁是一种源自主体体验的情感，隐含了一种人们带着乡愁追寻自我生存与生命意义、追寻诗意栖居的精神家园的美学思辨。同时，这种追寻自我生存的主体逐渐转向大众群体，乡愁也由传统单一的"文化乡愁""爱国情怀"演变为对于"理想家园"的精神追求。

中国有近 60 万个村庄，约有 5000 个古村落，被住房城乡建设部和国家文物局界定的传统村落就有 1561 个。随着中国城镇化步伐的加快，乡村的版图日渐凋敝，大批农村青壮年劳动力走进城镇，融入了新的生活。然而，每逢传统佳节，那种挥之不去的离愁别绪挟裹着亿万农民工，又融入了返乡的滚滚洪流。这是乡愁的情愫牵动着他们，是故乡的山、故乡的水、故乡的老屋、故乡的小吃在牵动着他们，是故乡家家户户的楹联和口口相传的故事，以及只有在隆重的传统佳节才有的古老的民风习俗在牵动着他们。

文化可以体现一个民族、一个国家、一个社会的重量与体温，这是文化的力量之所在，而村落是传统中国的根脉所系，乡土社会是最能够体现中国传统文化特征的地方。梁漱溟曾指出："中国文化是以乡村为本，以乡村为重，所以中国文化的根就是乡村。"我曾在《建设社会主义新农村的理论与实践》一书中指出，在新农村建设的过程中，必须"保护和发展有地方和民族特色的优秀传统文化，创新农村文化生活的载体和手段，满足农民群众多层次、多方面的精神文化需求"，而编纂村志尤其是实施中国名村志文化工程就是一个重要举措。实施中国名村志文化工程，编纂中国名村志丛书，以最基层的村落为研究对象，寻根传统村落的历史，梳理村落的发展脉络，以唤起人们的归属感和认同感，探索新型城镇化和社会主义新农村建设过程中，如何留住乡音、乡风、乡思，继承传统文化精华，挖掘丰富历史智慧，是贯彻落实中央城镇化工作会议精神和中共十九大提出的“乡村振兴战略”的重要举措，是当前和今后一个时期全国地方志工作者的重要工作。

虽然村落文化正在日益远离当下生活，但我们可以抓住诸如基本村情、文物胜迹、古村保护、特色文化、旅游名胜、村域经济、风土民情、村民生活、新农村建设、艺文杂记、名人与名村等关键内容，通过志书的手法来诠释乡村文化的精华。我们如实记录着村落里的人和事，以及青山绿水、小河大树、袅袅炊烟，力争以最完整、最原真的方式呈现村落的前世今生。我们要为“迷失”的人留住乡村文化的根脉，让人们难以割舍的乡愁得以慰藉和释放。

中国名村志文化工程将触角伸向那些极具代表性的村落，它们有的历史悠久、名人辈出，有的经济腾飞、重获新生，有的风景秀丽、景观独特，有的地处边陲、神秘莫测……我们挖掘中国不同类型村落的发展之路，为探索新型城镇化和社会主义新农村建设的发展经验、发展模式、前进道路提供历史智慧和现实借鉴。因此，打造以重在表现乡村嬗变为主旨的中国名村志丛书十分必要和迫切，这是一项功在当代、利在千秋的文化工程。

近年来，随着中国经济社会的发展和国际地位的提高，越来越多的人想要认识中国、了解中国、研究中国。在这样的形势下，乡村是不可或缺的一环，我们要集中讲好发生在乡村的故事，向世界呈现一个多元的、立体的中国。乡村历经岁月变迁的风雨，见证着改革开放的步伐，寄托着数代中国人的情感。发生在乡村的故事无疑是血肉丰满的、震撼人心的、引起共鸣的。我们应该有这个自信能够讲好乡村故事，讲好中国故事，描绘出中国的底色，“让每一个中国人都能在地方志中找到自己的位置”。

可喜的是，越来越多的有识之士认识到了这一点，加入到保护、传承、发展村落文化的队伍中来。仅就编纂中国名村志丛书来看，第一批的申报范围就涵盖包括香港特别行政区在内的 32 个地区，申报数量高达 70 余部。“直笔著信史，彰善引风气，为当代提供资政辅治之参考，为后世留下堪存堪鉴之记述”，这是我们的初心和使命。希望中国名村志文化工程的实施，能够带动更多的人关注中国乡村文化，为社会主义文化强国建设作出更大的贡献。也希望越来越多的名村都来融入继承中华文化传统、颂扬中华传统文化的活动中，让正能量更多地润泽温暖人们的心灵，让更多的人“记得住乡愁”！

是为序。

中国社会科学院副院长
中国地方志指导小组常务副组长 

◉中国名村志文化工程专家委员会

◉中国名村志文化工程学术委员会

◉ 中国名村志文化工程陕西工作协作组

组　长 雷　湛

副组长 史天社　吴玉莲　李保国　张世民

成　员 李洪林　王　莹　潘　斌　鲁　文　郑茂良
肖成刚　袁欣昌　姚敏杰　纪志远　杜健儒
岳　宁　张智谋　刘占平　高　琛　马世明
柯晓明　杨建国

◉ 陕西省韩城市西庄镇党家村志编纂委员会

策　　划　褚锦锋　杜　鹏

主　　任　张　喜

副 主 任　刘德康　孙大鹏　冯增录

委　　员　陈　光　郭燕青　解华鹏　孙　涛　党经礼

　　　　　贾剑云　孙振强

特邀编委　党福勤

◉ 陕西省韩城市西庄镇党家村志编辑部

主　　编　冯增录

编　　辑　强尚龙　郭枫义

摄　　影　郭旭平

◉ 中国名村志丛书凡例

一、以马克思列宁主义、毛泽东思想、邓小平理论、“三个代表”重要思想、科学发展观、习近平新时代中国特色社会主义思想为指导，坚持辩证唯物主义和历史唯物主义的立场、观点和方法，存真求实，全面、客观、系统记述中国名村村落发展变化进程和改革开放成果，传承和抢救乡土历史文化，激发爱国爱乡情怀，留住乡愁，为探索中国特色新型城镇化建设、服务乡村振兴战略提供历史智慧和现实借鉴。

二、为全面反映入志事物发展脉络，各志上限尽量追溯至事物发端，下限一般断至各村志启动编修年份，个别重大事项可延至搁笔。详今明古，着重反映时代特色和地方特点，重点体现各村的“名”与“特”。

三、记述地域范围以下限年份的行政辖区为主。为体现名村在更大区域内的意义，可以从更开阔的区域视野记述与该村相关的内容。

四、统一采用纲目体，设类目、分目、条目三个层次。横排门类，纵述史实，述而不论。

五、综合运用述、记、志、传、图、表、录等各种体裁，以志体为主。体裁运用适当创新，篇目设置不求面面俱到，一般意义上的村级内容略去不载。

六、除引用文字和附录文献资料外，统一使用规范的现代语体文记述，行文力求朴实、严谨、简洁、流畅、优美，具有较强可读性。

七、人物部类遵循“生不立传”原则，人物传主按生年排序，只选录对本村发展有重大影响的人物，不面面俱到。

八、各项数据一般采用国家统计部门数据。数据缺乏的，采用主管部门或主办单位正式提供的数据。

九、数字用法、标点符号、计量单位分别执行国家标准《出版物上数字用法》

（GB/T 15835—2011）、《标点符号用法》（GB/T 15834—2011）、《国际单位制及其应用》（GB 3100—1993）和《有关量、单位、符号的一般原则》（GB 3101—1993）。历史上使用的计量单位，如斗、石、里、尺、磅、华氏度等，在引文时可照录。考虑到社会使用习惯，全书中亩不统一换算。

十、中华民国成立前的纪年，使用朝代年号纪年，括注公元年份；中华民国成立后的纪年，均使用公元纪年。志中所称“解放前（后）”，以该村解放日为界；“新中国成立前（后）”，以中华人民共和国成立日 1949 年 10 月 1 日为界；“改革开放前（后）”，以 1978 年 12 月中共十一届三中全会召开为界。本志“××年代”，凡未加世纪者，均指 20 世纪。

十一、为节省篇幅，避免重复，本志采用条目互见法。参见条目的表示形式为：参见本志“××类目·××分目·××条目”。

十二、对旧志、古籍中的繁体字、冷僻字一般用简化字或通用字替换，易引起误解的则保留。

十三、记述各个历史时期的党派、机构、职务、地名等，均以当时的名称为准。对频繁使用的名称，首次用全称并括注简称，其后用简称。

十四、各村志需要单独说明的事项，均在各自编纂始末中记述。

党家村在中国的位置

黑龙江省
哈尔滨
吉林省
长春
沈阳
辽宁省
内蒙古自治区
呼和浩特
北京
北京市
天津市
天津
河北省
石家庄
山西省
太原
渤海
黄海
山东省
济南
乌鲁木齐
新疆维吾尔自治区
甘肃省
银川
宁夏回族自治区
西宁
青海省
兰州
陕西省
党家村
韩城
西安
郑州
河南省
江苏省
安徽省
合肥
南京
上海
上海市
西藏自治区
拉萨
四川省
成都
重庆市
重庆
湖北省
武汉
杭州
浙江省
东海
钓鱼岛
赤尾屿
长沙
南昌
江西省
湖南省
福建省
福州
台北
台湾省
台湾岛
贵阳
贵州省
昆明
云南省
广西壮族自治区
南宁
广东省
广州
香港
澳门
东沙群岛
海口
海南省
海南岛
西沙群岛
永兴岛
中沙群岛
黄岩岛
南海
南沙群岛
曾母暗沙
黄河
长江
图 例
北京 首都
天津 省级行政中心
未定 国界
省、自治区、直辖市界
特别行政区界
名村所在县级区域
名村
1：32 000 000
审图号：GS（2018）2667号

党家村在陕西省的位置

1：4 100 000

审图号：GS（2018）2667

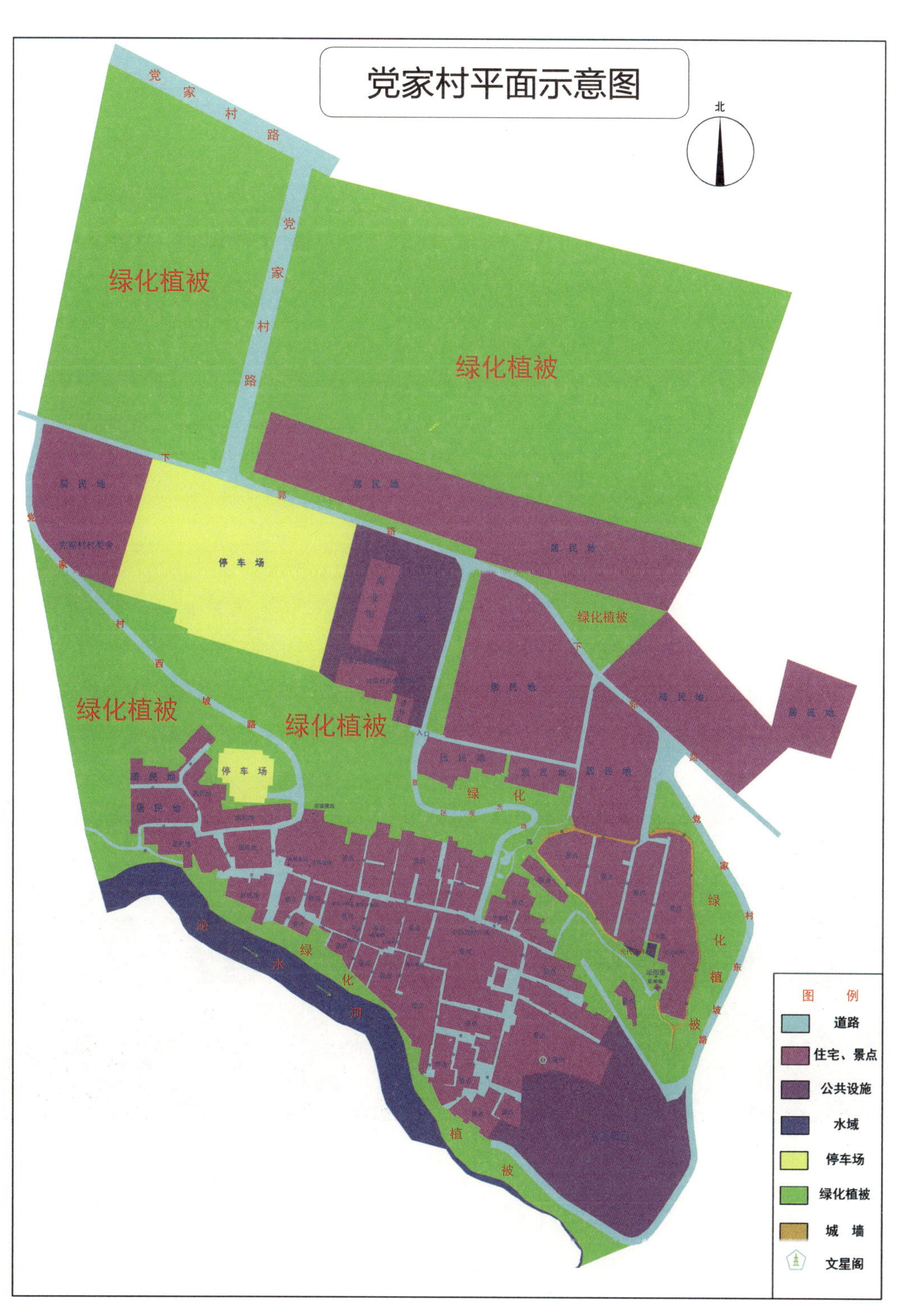

党家村平面示意图
北
党家村路
党家村路
绿化植被
绿化植被
居民地
停车场
下郭路
绿化植被
绿化植被
绿化植被
停车场
泌水河
绿化植被
绿化植被
党家村东城路
图例
道路
住宅、景点
公共设施
水域
停车场
绿化植被
城墙
文星阁

党家村全景图

刘玉虎　摄

四合院

刘玉虎　摄

象征着功名和富贵的旗杆斗子

“封侯挂印”照墙

四合院房门上的雕花

党家村标志建筑文星阁

经典家训　　刘玉虎　摄

羊肉饸饹与芝麻烧饼　　刘玉虎　摄

旅居河南瓦店党族二门全家福（1929 年 8 月）

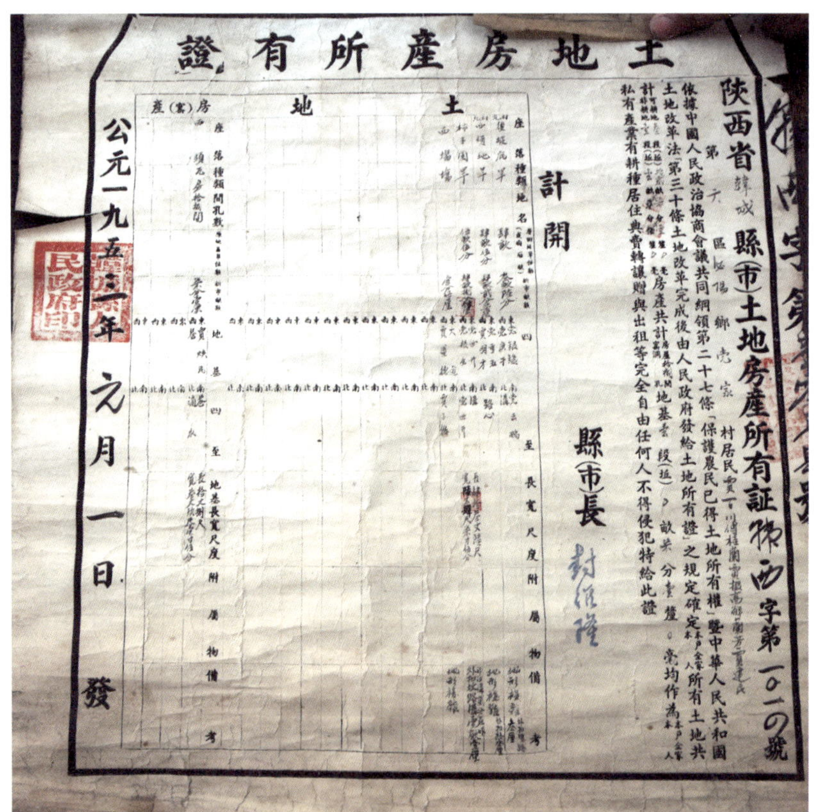

土地房產所有證

陝西省韓城縣(市)土地房產所有証韓西字第一〇一〇號

第六區 鄉 村居民

依據中國人民政治協商會議共同綱領第二十七條「保護農民已得土地所有權」暨中華人民共和國土地改革法第三十條土地改革完成後由人民政府發給土地所有證之規定確定本戶全業人所有土地共計 段(坵) 畝 分 釐 房產共計 地基 段(坵) 畝 分 釐 均作為本戶全業人私有產業有耕種居住典賣轉讓贈與出租等完全自由任何人不得侵犯特給此證

計開

土地					
座落	種類	地名	四至	長寬尺度	附屬物	備考

房(宅)產						
座落	種類	間孔數	地基	四至	地基長寬尺度	附屬物	備考

縣(市)長 封維隆

公元一九五三年元月一日發

新中国成立初期的土地证

党家村舞狮表演　　　　刘玉虎　摄

党家村

◉ 目录

跨越686年风雨的党家村

党家村位于韩城市东北，全村有5个村民小组，431户，1508人。居民以党姓和贾姓为主，全部为汉族。党家村三面环塬，一面环水，状似葫芦，地势较低，村人形象地称它为“党家圪塄”。

党家村最大的特色是古民居建筑，全村共保存有123座四合院民居、11座祠堂、25个稍门和泌阳堡、文星阁、看家楼、节孝碑、古井、涝池等众多元、明、清建筑，有686年的历史，是我国目前发现的规模最大、年代最久、保存最完好，且村庄功能最完善的传统古村落之一。2001年，党家村古建筑群被国务院公布为全国重点文物保护单位，2003年被建设部公布为中国历史文化名村。

在陕西省韩城市，有一个跨越 686 年人间烟火的古村庄。它至今还完整地保存着 123 座元明清时期的古民居四合院，它们和散落在村里的文星阁、节孝碑、泌阳堡、看家楼以及祠堂、私塾、戏台、关帝庙等建筑错落有致地排列在一起，构成了一幅静谧的水墨画。远远望去，清一色的青砖灰瓦，古朴典雅，含蓄庄重，散发着浓郁的历史人文气息，彰显着深厚的文化底蕴。

这就是被日本学者青木正夫赞为“东方人类古代传统民居村寨的活化石”，被国务院公布为“全国重点文物保护单位”，被建设部评为“中国历史文化名村”的党家村。

党家村位于陕西省韩城市东北，西南距韩城市区 9 千米，西距 108 国道 2 千米，东距黄河 3.5 千米；坐落在黄河之滨，龙门之畔，与梁带村两周文化遗址为邻，与汉太史司马迁祠南北相望。

几绺青石板，一勾飞檐墙，无不写满党家村的古老和崭新。

◉ 观不尽的老村，写不完的历史

元至顺二年（1331），已经大旱了 7 年的关中地区，饥民们纷纷走上了逃难的道路。出逃的人群中，有个叫党恕轩的年轻人，他由同州府朝邑县（今陕西省大荔县朝邑镇）逃到了韩城县的西庄地界，那里有一条细小的泌水河，河的北岸塬上有一座敬奉三皇五帝的白庙。庙里香火旺盛，田地较多。党恕轩开始租种庙里的田地度日。

党恕轩以种菜卖菜为生，附带开垦荒地。几年后，他在现在的小坡崖上打了三孔窑洞，并娶了一位樊姓女子为妻。如今，党家村的村民还会指着村子半坡上的几孔土窑洞，为外人讲述先祖党恕轩创业的故事，亲切地称此处为“恕轩窑洞”，言语中饱含着无限的敬意，他们的根就是从这里深深地扎进了脚下这片黄土地。

党恕轩在小坡崖埋下了一颗希望的种子，在经历了漫长的风雨后，种子发芽了，抽枝了，开花结果了。他一生养育了四个儿子，老大君显，老二君仁，老三君义，老四君明。除老四党君明到甘肃河州屯田未归外，其余三个儿子后来各立门户，分别形成了党族族谱上的长门、二门、三门三个分支。到第三代时，祖孙父子已有 4 户人家，20 多口人。狭小的小坡崖已容纳不下这一大家子，于是党恕轩将家下迁到了东阳湾。

元至正二十四年（1364），他们把泌水河改成了党家河，东阳湾也变成了党家湾。

83年后的明永乐十二年（1414），党氏长门中走出了一位举人，叫党真。党真对党家村的贡献有两个：一是将村庄再次下迁，至谷底靠近泌水河的位置，并界定出长门、二门、三门居住与发展的空间区域，把窑居改变成以屋居为主；二是留下了一篇《党族家谱》序，让后人有幸了解党家村繁衍、壮大的历程。

党恕轩到东阳湾之后的194年，也就是明嘉靖四年（1525），党家村迎来了另一位姓氏。祖籍山西洪洞县、于元代时迁居韩城经商的贾伯通六世孙贾璋，以党氏外甥的身份定居党家村。此后，贾氏在党家村繁衍生息，成为党家村第二大姓氏。

贾姓的涌入，使党家村的人口一下子发展到二三十户人家，百余口人。贾姓聚集在如今下巷党姓宅院的西边建造他们的宅屋。为便于汲取水源，他们在村子中间留下了一条南北走向的通道。

贾族像一股清流，给党家村的历史注入了新的活力。为解决人多地少的矛盾，他们通过开荒、租赁的形式，在韩城西北的冶户川、盘道川和小迷川一带建立了许多山庄子[①]。这些山庄子有点类似于今天的农场，以种粮、育林、畜牧、采集药材为主。与此同时，他们的生意也渐成气候。出现了不少像党孟钠、党俊鸿家族那样有影响力的大户。明嘉靖年间（1522—1566），韩城大旱，党孟钠拿出三百两纹银接济大家。后又遇旱灾，他把贫苦人家借的二百多石粮食借据当众销毁，被时人称为义翁。党孟钠的事迹被收录在明张士佩编撰的《韩城县志》中。

黄德海在《变迁——一个中国古村落的商业兴衰史》一书中感慨道，山庄子经济是党家村后来大规模从事商业活动的有效探索和准备。

这一探索并不遥远，只有短短的130年，但它足以让党恕轩和贾璋的后代们享誉韩城，成为当时远近闻名的村庄。

◉ 道不尽的奇商，说不完的瑰宝

清顺治十一年（1654），党族二门第十一世党德佩，赶一头毛驴到河南南阳瓦店镇闯世界，从此拉开了党家村商业活动的大幕。他先以贩卖瓦盆瓦罐为业，后来做木材和

① 明清时期，党家村人在山区或浅山区开垦荒地，建立庄园，称作山庄子。

长途贩卖生意。党德佩在其子党景平的协助下，在瓦店建起了党家村第一个商号——恒兴桂商号。父子俩几年时间就把恒兴桂打造成瓦店的商业老大。太平天国运动期间，他们紧紧抓住瓦店是南北物资集散地的历史机遇，使恒兴桂商号步入了黄金发展期。他们把赚得的财富源源不断地运回党家村。

清乾隆十五年（1750），贾族十三世贾翼堂前往河南，在南阳府唐县（今河南省南阳市唐河县）唐河沿岸的郭滩镇创立了合兴发商号。贾翼堂邀请党族三门十四世党玉书合伙经营。他们把合兴发迁到当时中原四大商业巨镇之一的南阳赊旗镇，又在唐河、白河沿岸设立了货栈。合兴发还创立了智力投资模式，生意越做越大。为了便利和快捷，他们还开始经营钱庄，发行一种能在一定范围内流通和兑换的票据——帖子。

这是党家村历史上最为辉煌的时期。党德佩父子，贾翼堂和党玉书等人为党家村大规模兴建四合院注入了十足的底气。家族产业、智力入股等模式，使党家村大多数村民享受到了商业回报，他们从股份中不断获利，家底殷实，银两充足。每天，装满白银的骡车络绎不绝，将之运送到分银院，等到约定的时间，就大斗称，小簸箕分。家道的富裕，让党家村掀起了一轮持续百余年的建房热潮，他们大兴土木，翻旧盖新，使村庄外扩，迫使泌水河南移改道。出于对自身安全的考虑，他们还于咸丰元年（1851）在泌水河北岸的高崖上建造了一座防御性的寨子泌阳堡。

与此同时，文星阁、节孝碑、看家楼、祠堂、私塾、水井、惜字楼、戏台、关帝庙等公用设施也一一兴建。

文星阁是一座六层六面的风水砖塔，受“天倾西北，地陷东南”理念的影响，建造在村子东南角上。但文星阁的内部却被村民供奉上孔子、文曲星的牌位，党家村崇尚教育的风气可见一斑。

看家楼坐落在村子中部一座四合院中，四层高，四周身开有窗户。看家楼中隐藏了一段悲壮的往事：1918 年，驻军韩城的秦保善抢劫百姓，遭到党天成的激烈反抗。一次，秦保善带队到党家村抢劫，走时烧毁了党天成的家。后来，党天成带领民团用了一年多的时间赶走了秦保善。韩城人民为了感谢党天成，全县 28 个里的民众自发捐款，给他盖房。后来按照党天成的意思，才盖成了具有瞭望和预警功能的看家楼。看家楼与泌阳堡的作用都是防御，所以建造得结实耐用。

节孝碑是给一位婚后不久就开始守寡的牛孺人建造的，碑高近 9 米，是党家村砖雕艺术的代表。

泌阳堡、文星阁、看家楼、节孝碑是党家村标志性建筑。

清道光年间（1821—1850），村庄正式更名为党家村。

◉ 说不尽的家训，看不完的精美

党家村的民居建筑，群体庞大，风格独特，舟形的村庄，半岛形的古寨，处处暗道相通，咫尺相连，村寨合一。按照建筑年代和建筑质量，四合院分为三级，一级 26 院，二级 41 院，三级 56 院。村中还有党贾两族祠堂 11 座，防盗稍门 25 处，以及与之相匹配的文星阁、节孝碑、泌阳堡、看家楼、菩萨庙、关帝庙、财神庙、涝池、古井等，既错落有致，又相对独立。这里的一砖一瓦，一墙一壁，抑或是一对昂头挺立的石狮，一条粗犷的拴马石，都传递着一种古朴典雅的美。点缀其中的人物、花卉、飞禽走兽、福禄八卦图案，造型逼真，栩栩如生，韵味十足，砖雕、石雕、木雕一应俱全，精巧华美。散落在门前、巷道的上马石、拴马桩、惜字楼、看家楼、旗杆斗子等，既反映了它昔日的荣光，又为村庄增添了古朴的气韵。

党家村四合院都是一进院落，对称布局，分门房、厢房和厅房（上房）。厢房的两侧有砖刻的家训，这些家训都是教化后代的，内容不一而足，有对生活感悟的，有对后代告诫的，有对家族期望的。别具一格的家训被收录进中央纪委监察部网络中心编写的《中国家规》一书；2016 年 4 月，凤凰卫视《文化大观园》栏目，播出了《党家村：青砖上的家训》专题片。党家村家训还是书法精品，西安交通大学教授、书法家薛养贤称赞党家村的家训是“书法基点之上的家训表达”。

高大气派、豪华讲究的走马门楼上，有考究的门楣，门楣和家训一样，都是教化后代的。门内的照墙上，雕刻有象征吉祥如意的花卉和吉兽。

党家村崇文重教，最多时有 13 个私塾，25 座惜字炉，有供奉孔子牌位的文星阁。党家村历史上人才辈出。明清时期，不足百户的党家村出过 1 名进士，4 名举人，44 名秀才，几乎半数人家出过有功名的人；民国时期，党家村考入大学及各类军校的毕业生达 50 余人。新中国成立后，1954 年，党治国以陕西省高考第一名的成绩考入清华大学；1977—2000 年，1400 多口人的党家村累计考入大学的就有 120 多人。2000 年以后，党家村大学生人数更多了。2012 年，全村 6 名高中毕业生全部考入大学。

◉ 诉不尽的传说，写不完的辉煌

传说党家村有一颗辟尘珠，让村庄永远保持干净整洁。

传说党家村的文星阁上有六颗铃铛，下雨前，铃铛就发出响声。

传说村子没有笔直的巷道，才让进来抢劫的土匪迷了路。

传说党家村的屋顶不长青苔。

传说给党家村抹上了一层神秘色彩，也让人认识到了党家村在选址和建筑上的讲究。他们尊崇藏风聚气，得水为先的理念，讲求阴阳平衡，天人合一。于是，1978 年，当党家村历史上第四次兴起大规模建房热潮时，村民没有在原址上重新扩建，而是在村庄外另建新区，把一个老村寨留给了世界。

2001 年 6 月，国务院公布党家村古建筑群为全国重点文物保护单位。2003 年 10 月，党家村入选建设部公布的第一批“中国历史文化名村”名单。2016 年，党家村景区被国家旅游局评为 AAAA 级旅游景区。

1996 年，党家村成立党家村旅游开发公司，开发党家村旅游资源。2008 年，韩城市旅游局成立党家村景区管理委员会，与党家村共同发展旅游事业。2012 年 8 月，党家村村委会与党家村景区脱钩，不再参与党家村景区具体管理事务。党家村景区的保护、开发进入了快车道，党家村这个走过 686 年岁月的老村再一次迎来了历史发展机遇。

这就是党家村！一个浓缩了元、明、清三代民居建筑艺术与智慧，凝结着传统文化的内涵与底蕴，寄托着先辈追求与梦想的中国历史文化名村。经历了 686 年风雨的党家村和党家村人，正用他们流淌着祖先血脉的双手，书写着党家村新的传奇……

党家村古建筑群被评为全国重点文物保护单位　　郭枫义　摄

基本村情

党家村位于韩城市区东北 9 千米处，由老村和新村两个部分组成，总面积 1.4 平方千米。全村有 5 个村民小组，431 户，1508 人。居民以党姓和贾姓为主。党家村地处关中平原向陕北高原过渡区域，具有川塬地貌的明显特征，属暖温带大陆性季风气候。泌水河是党家村的母亲河。在世代经商的贾姓落户到党家村后，党、贾两族的生意迎来了鼎盛时期，党家村进入建设高潮期，村寨合一格局形成。从明朝开始，党家村在村务管理上一直实行公直老人制，直至 1927 年，才实行了村长、保长制。从 20 世纪 80 年代起实行村民自治。

党家村于元代建村，有 686 年的历史。在漫长的发展过程中，党家村历经两次下迁和集中建设，最终形成了今天村寨合一的格局。其中旅外商业是党家村经济发展中浓墨重彩的一笔。

◉ 建置　沿革

村名由来

党家村是以姓氏命名的，《陕西省韩城市地名志》记载：“始元至顺二年（1331），党姓始祖党恕轩自朝邑逃荒至此，建村而得名。”历史上党家村共使用过三个村名。

东阳湾　元至顺二年（1331），党家村党姓始祖党恕轩由陕西省同州府朝邑县逃荒至陕西省同州府韩城县，最后落脚在韩城县北部西庄镇东南、泌水河谷北岸的小坡崖，继而安家落户，繁衍生息。小坡崖地形狭窄，距离泌水河谷耕作区较远，大约 10 年后，党恕轩全家又迁居到了小坡崖东南方向的半坡处（今古村落东北，文星阁院子上方），打土窑洞居住。由于这地方避风向阳，当地人一直称它为东阳湾，党家父子入住后，东阳湾成为村名。

党家村牌楼

党家河　党姓人口不断增多，到元至正二十四年（1364），东阳湾已有4户人家，他们主要居住在窑洞中，并建有少许简陋房舍，形成村落雏形，正式立村庄名——党家河。

党家村　明永乐十二年（1414），党恕轩长孙党真中举，12年后的明宣德元年（1426），他提出村庄下迁计划，界定长门、二门、三门居住区域。党恕轩有四个儿子，除四子君明赴甘肃河州屯田未归外，其余三子分门立祠：长子君显为长门，次子君仁为二门，三子君义为三门。明嘉靖四年（1525），贾璋以甥舅之亲落户党家河。随着人口的增加和生意的兴盛，四合院开始大规模建设，并成为村庄的主体建筑。清道光年间（1821—1850），村庄更名为党家村，延续至今。

辖区变迁

西庄是个古镇，早在汉景帝、汉武帝（前156—前87）时期，西庄附近就已形成村落。《陕西省韩城市地名志》记载："法王庙自元代建庙后，赛事很盛，近有八社，远有三十六盘家，七十二会子，西庄一时成为县北的宗教活动中心。随着每年多次庙会，引来行商坐贾，形成集市。明崇祯年间（1628—1644），西庄定名为镇，此后一直是县北的商业中心。"1949年以后，西庄一直是区、乡、公社、镇政府所在地。

乡里保甲　南宋咸淳元年（1265），韩城属桢州。元至顺二年（1331），党家村建村，当时尚未纳入村级建制。元顺帝至元六年（1340），撤销桢州，韩城改属同州，党家村隶属同州府韩城县。据《太平寰宇记》记载，韩城北周设12屯，唐为12乡，宋设5乡，但具体名称不详。元代时党家村属于哪个乡里，史书中没有明确记载。明代按乡里编制，"开国初全县编为4乡55里。明成化年间（1465—1487）并为40里。明嘉靖年间（1522—1566）又并为36里，每乡辖9里，每里辖10甲。百户为甲，十户为长"[①]。党家村隶属于山覡乡干谷里。清光绪年间（1875—1908），由4乡36里改为28里，党家村仍隶属山覡乡干谷里，以甲建制。

区乡保甲　辛亥革命后，韩城设东、西、南、北、中5个区，区辖村，而原来的里民局及所属的乡、里继续存在，两种建制并存。乡、里专司民间粮赋征纳事务，其他事务则由区政府管理。党家村隶属北区西庄镇干谷里，以甲建制。同区的还有盘龙乡、王峰乡。1930年，国民政府实行乡镇组织，以百户至200户为1乡镇，25家为1闾，

① 选自韩城市志编纂委员会编：《韩城市志》，三秦出版社，1991年12月。

5 家为 1 邻。镇分街、坊、里，分别设长，主办辖区事务，党家村仍隶属北区西庄镇干谷里。1934 年，国民政府推行保甲制度，县以下设联保，联保以下设保，保以下设甲。全县设 9 个联保，87 个保。1939 年又实行新县制，改联保为乡（镇），乡（镇）以下设保，保以下设甲。韩城共设 1 镇 8 乡 87 保。党家村属西庄乡的一个甲，但习惯上仍叫党家村。

区乡镇社 1948 年 3 月 24 日，韩城第二次解放（1947 年 10 月第一次解放），全县划为 8 区、84 乡。党家村隶属西庄区泌阳乡，同区有 12 个乡。1950 年 4 月，全县由 9 个区调整为 7 个区，区名以数字顺序排列，党家村隶属第六区泌阳乡。1954 年，全县由 64 个乡缩减为 60 个乡，党家村仍隶属第六区泌阳乡。1956 年，全县由 7 个区调整为 2 个区和 12 个直属镇，乡镇以下撤销行政村和自然村编制，建立初级农业生产合作社，党家村隶属西庄直属镇泌丰社，设 3 个初级农业生产合作社。1958 年 8 月，撤销 2 个区，全县划分为 11 乡 1 镇（城关镇），党家村隶属西昝乡泌丰社。1958 年 9 月，全县实行人民公社化，党家村隶属西昝公社，称党家村高级农业生产合作社。1959 年 1 月，韩城、合阳合并，将两县和黄龙县 24 个公社合并为 11 个人民公社，公社下设管理区，西昝公社撤销，党家村隶属西庄人民公社西庄管理区，称党家村农业生产大队，下设 4 个小队。1966 年"文化大革命"开始后，党家村隶属红丰人民公社，称党家村革命委员会。1967 年，恢复原村名。1970 年，恢复人民公社名，党家村隶属西庄公社。1983 年 3 月，西庄公社改名为西庄乡政府，党家村农业生产大队同时改为党家村村民委员会，生产小队改为村民小组。由于一组人数较多，部分村民分出来组建成五组，由 4 个农业生产小队变为 5 个村民小组。1984 年 8 月，西庄由乡改镇，党家村隶属西庄镇，仍称党家村。

村落历史

在 686 年的历史中，党家村先后经历了建村、布局、兴盛、衰落、再兴起五个发展时期，每一个时期都各有特点。这其中，第一个时期，从元至顺二年（1331）至明永乐十二年（1414），也即恕轩窑洞时期，村庄初具雏形。第二个时期，从明宣德元年（1426）至明朝末年，即山庄子经济时期，村庄由东阳湾下迁至泌水河边，山庄子经济兴起，四合院开始出现，党家村的村落形态由窑居向屋居转变。第三个时期，从清初至清末，历时近三百年，尤其是清乾隆、嘉庆、道光、咸丰时期，党、贾两姓的生意进入鼎盛时期，四合院大规模建设，双神庙、祠堂、泌阳堡、文星阁等一批古建筑相继落成，上寨下村格局成形。第四个时期，从民国初年至 1978 年，党家村建设新增建筑不多，而且相当一部分建筑质量上乘的厅房、稍门、石牌坊、戏楼被拆毁、破坏。第五个时期，从 1978 至 2017 年，党家村经济飞速发展，人口迅速增加，新村建立，再次进入建房高潮期。

恕轩窑洞 元泰定二年（1325）至元至顺三年（1332），关中地区发生了特大旱灾，据《元史·卷三十二·文宗本纪》记载："陕西自泰定二年至是岁不雨，大饥，民相食。"陕西监察御史向朝廷上书说："关中饥馑荐臻，饿殍枕藉，亟需赈灾。"元至顺二年（1331），党恕轩被迫离开家乡，一路逃荒来到韩城县北部西庄镇，落脚在当地人敬奉三皇五帝的白庙，靠租赁寺田种菜维持生计，并附带开荒。党恕轩租种的菜田在白庙东南、泌水河以北的高崖坡，即今党家村西北面的小坡崖。几年过去，随着旱情的缓解，党恕轩略有积蓄，在小坡崖上方打了三孔土窑洞，娶邻村下甘谷村樊姓女子为妻，开始繁衍生息。小坡崖上的几孔土窑洞距今将近 700 年，人们亲切地称它为恕轩窑洞。窑面如今用青砖砌裹，表达党家村人对先祖艰难创业的追念。

村庄下迁 明宣德元年（1426），党恕轩的长孙党真正式提出村庄下迁计划，并界

恕轩窑洞

定出了各门的发展空间。从这个时候起，党家村人就以四合院为基本形式，倾注全力建设新家。今天，党家村仍留存有明正统年间（1436—1449）与景泰年间（1450—1456）的四合院 14 座。

下村成型 明崇祯（1628—1644）至清康熙（1662—1722）年间，党家村建了 25 座四合院。党氏宗裔传到第十一世的时候，党家村出了个叫党德佩的人，他带领村民在河南南阳做生意赚了钱，村庄建设步伐开始加快。清乾隆（1736—1795）至咸丰（1851—1861）年间，村中又建了 69 座四合院和庙宇、祠堂、戏台、私塾、文星阁等一大批公共建筑设施。其中咸丰初年建设的泌阳堡工程巨大，是韩城及其周边地区村寨文化的典范之作。下村有一条主巷，一条副巷，八条次巷。主巷宽 3 米有余，副巷与次巷宽 1.5 ~ 2 米。主巷南侧有四条次巷，由东向西分别是平福巷、南巷、西崖畔巷、河坡巷。北侧有三条次巷，由东向西分别是东巷、汲福巷、小坡崖巷。小坡崖巷向西连接里巷，也称贾巷。副巷与主巷平行，称六行巷。六行巷东端南面是下道巷。还有一些比次巷更小、更短的巷道，均未命名。

党家村老村入口

古色古香的主巷

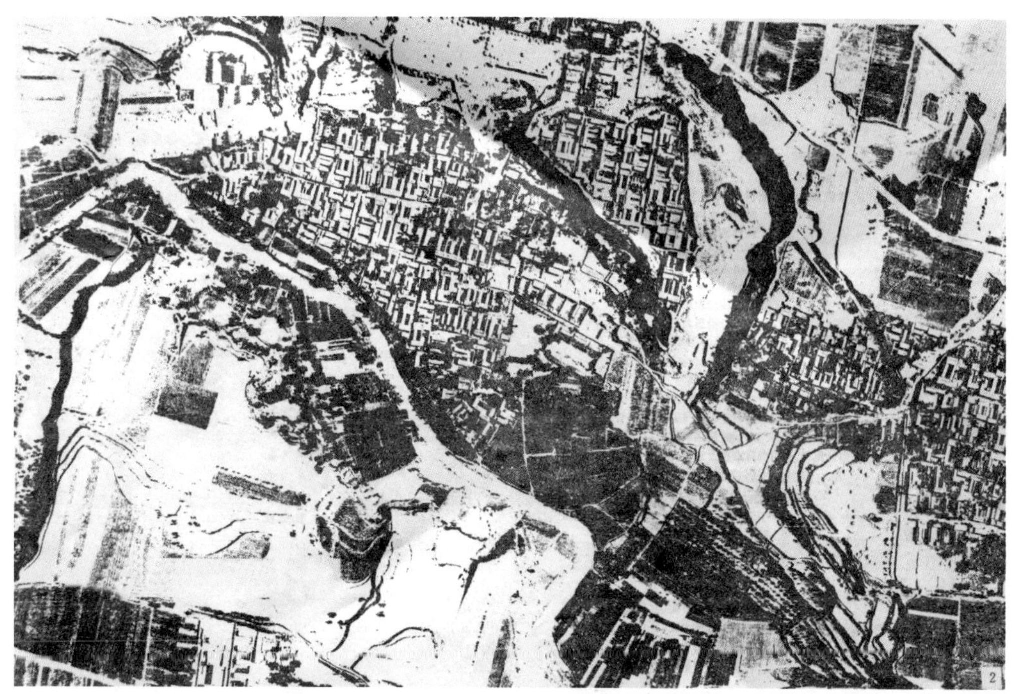

20 世纪 90 年代党家村航空遥感照片

村寨合一 上寨即泌阳堡，建于党家村鼎盛时期。清咸丰元年（1851）党家村开始筹建泌阳堡，筹银 1.86 万两，修筑寨子城墙，石铺寨内巷道，在寨子内打水井两眼，建涝池一个，铸造火炮数十门。寨子内 27 户居民每户划宅基地 200 平方米，由各家自行修建宅院。咸丰三年（1853），寨子的城墙和其他基建全部完工。紧接着，又在村中的丁字巷口建设稍门，增设哨所。咸丰后期至光绪年间（1875—1908），村中又建起 17 座四合院和节孝碑等。至此，党家村村寨合一模式形成，下村和上寨共建有四合院 123 座、祠堂 11 座、马房院 27 座。

另辟新村 1981 年，党家村全面实行家庭联产承包责任制，村庄经济得到飞速发展，富裕起来的党家村人再次产生了“富润屋”的想法。在几经筹划后，新村规划确立。1986 年以后，党家村村民陆续向北塬搬迁。1990 年以后，全村开始大规模搬迁，北塬新村基本形成，老村居民以留守老人居多。2008 年，韩城市设立党家村景区管理委员会。2012 年 8 月，党家村村委会不再参与管理党家村景区。

党家村新村一角

◉ 区位概况

地理位置 党家村位于韩城市区东北 9 千米处，在西庄镇东南方向，距离镇政府驻地 2.3 千米，东起下甘谷村，西与郭庄村、上甘谷村接壤，南临泌水河、柳村，北至汶水河。村域呈鸭梨形状，南北长 1.4 千米，东西宽 1 千米，总面积 1.4 平方千米。村庄由老村和新村两个部分组成，老村有一村一寨。新村和寨子建在塬上，老村建在塬下谷中，西面和北面是台地、高塬，东面与南面是沟谷和河川。

党家村处在韩城市区与禹门口[①] 的中点位置。韩城与禹门口之间是黄土塬地貌，党家村隐藏在塬东南的一个圪塄中，既享有背靠 108 国道，濒临黄河的便利，又非常隐蔽。同时，作为关中平原向陕北黄土高原过渡区的组成部分，党家村台、塬、谷、川兼有，其地貌特征在韩城很具有代表性。

人文 党家村拥有 123 座四合院、11 座祠堂、25 个稍门和泌阳堡、双神庙、文星阁、

① 隶属韩城市龙门镇，为黄河出山口，因大禹治水而得名。

看家楼、节孝碑等元、明、清建筑，是山陕古民居的典型代表，被誉为“东方人类古代传统民居村寨的活化石”，有中国“民居瑰宝”之称。2016 年 12 月，党家村景区被评定为国家 AAAA 级旅游景区。

交通 党家村交通优势明显，京昆高速贯穿韩城市南北，在韩城市境内共有三个进出口，其中市区进出口和龙门进出口一南一北，与党家村距离均在 10 千米左右；西侯铁路由韩城市境内通过，韩城至西安、北京均有直达列车；108 国道从党家村西通过，距离党家村 2.5 千米。

108 国道进入党家村导向标志牌

低洼中的党家村

通往党家村景区的道路

◉ 自然环境

地形特征 党家村坐落在泌水河谷北侧的二级台地上，依山谷走势呈葫芦状在河谷中东西布局，海拔 400 ~ 460 米。因地势较低，俗称党家圪塄，也称党圪塄。

这个圪塄与塬面落差 35 ~ 40 米，距离黄河龙门口 10 千米。龙门口一带常年有风，且风势较大，平均风速为每秒 4 米，因此当地有谚语云："一年四季一场风，正月刮到腊月冬。"但处在葫芦谷地中的党家村，常年不起大风，享有背风向阳之和煦。

党家村南、北两侧的台塬为黏性土壤，不起飘尘，因此村庄空气常年清新；泌水河由村子南面潺潺流过，村庄空气湿润。加之泌水河党家村段河床较宽，河岸高差 30 ~ 40 米，十分有利于泄洪，数百年来村庄从未遭受过水患。①

气候特点 党家村地处北纬 35° 32′，东经 110° 14′，属暖温带大陆性季风气候。

① 引自李文英著:《民居瑰宝党家村》，陕西人民教育出版社，2002 年。

党家圪塄

每年 4 月 2 日至 5 月 31 日为春季，共 60 天；6 月 1 日至 8 月 18 日为夏季，共 79 天；8 月 19 日至 10 月 27 日为秋季，共 70 天；10 月 28 日至次年 4 月 1 日为冬季，共 156 天。冬季漫长，春秋短促，四季分明。

年平均气温 13.5℃，≥10℃积温为 4626℃。各季节气温分布为：春季 13.2℃ ~ 15.8℃；夏季 24.6℃ ~ 26.8℃；秋季 12.3℃ ~ 14.6℃；冬季 −1.5℃ ~ 1.8℃。最热月为 7 月，平均 26.6℃，最冷月为 1 月，平均 −1.5℃。年平均无霜期 200 天左右。平均初霜日为 10 月 25 日，迟早相差 35 天。平均终霜日 3 月 20 日，迟早相差 58 天。

年平均降水量 680 毫米，全年降雨主要集中于 7—9 月。春夏季易发生干旱，夏季阵雨多、强度大。日照充足，年平均日照时间 2436 小时。以 6 月最多，为 257 小时，占全年日照时间的 10.6%。最少的是 11 月，为 167 小时，占全年日照时间的 6.9%。

自然资源 暖温带大陆性季风气候的最大特点是农作物生长期长。党家村气候温和，光照充足，雨量充沛，地下水质优良，能满足农作物生长的需要。村庄下游的泌水河发源于梁山，流经南赵村、寺庄村、上甘谷村、党家村、下甘谷村、解家村、史带村，汇入黄河，全长 23.4 千米，在党家村境内长 1.5 千米，流域总面积 65.3 平方千米，

党家村雪景

年平均径流量477万立方米。2016年，韩城市实施了泌水河治理工程，治理后的泌水河党家村段河道常年有水，水面有植物，河岸有景观花卉和树木。

全村耕地面积110公顷，占全村总面积的80%，属黄土性土[①]，表层有机质较多，土壤肥沃，适宜于粮食作物和油料、蔬菜等经济类作物生长。主要粮食作物有小麦、玉米、谷子、糜子、豆类等。主要经济作物有棉花、油菜、烟草、薯类、花生、蔬菜和花椒等。树木类有中槐、杨树、榆树、柳树等，森林覆盖率为60%。

自然灾害 受地形特征和气候特点的影响，党家村的自然灾害主要有干旱、洪涝、冰雹、霜冻、风灾等。在党家村历史上有记载的自然灾害共有8次。1949年3月下旬，

① 即黄绵土，是由黄土母质直接耕种发育而成的一种旱作土壤。

连续遭受霜灾，当年小麦基本绝收，亩产不足 15 千克。1960—1963 年，连续几年遭受春旱、霜冻。1965 年 9 月至 1966 年 3 月，干旱持续 180 天，粮食严重减产。1968 年 7 月 11 日 16 时至 20 时，遭受暴雨袭击，降雨量达 150 毫米，农田受毁严重。1973 年 5 月 27 日，遭受冰雹灾害，小麦受灾面积 350 亩，棉花受灾面积 50 亩，早秋作物受灾面积 40 亩。1976 年 12 月上旬至 1977 年 4 月下旬，降雨量仅 10.8 毫米，农作物受灾严重。1977 年，全年降雨量仅 399 毫米，是自 1957 年以来降雨量最少的年份。1979 年 7 月 23 日 14 时，遭受大风、暴雨和冰雹袭击，一小时降雨量达 70 多毫米，河水泛滥成灾，农作物受灾严重。1983 年 4 月 16 日晚，气温由 18℃骤降至 2℃，造成当年棉花严重缺苗，大部分棉田绝收。

◉ 人口姓氏

人口总量 在建村 33 年后的元至正二十四年（1364），党家村仅有四户党姓人家。受元、明政府“田野辟，户口增”政策的影响，90 多年后的明景泰年间（1450—1456），党家村的人口发展到 30 户 240 人。又 100 年后的明嘉靖年间（1522—1566），党家村的人口发展到 400 人左右。

明弘治（1488—1505）与嘉靖（1522—1566）年间，韩城接连发生两次大地震。据明代苏进修、张士佩《韩城县志》记载：“弘治十四年春正月朔①地震，韩城声响如雷，倾倒官民房屋五千余间，压死男妇一百七十。自朔至望②，震犹未息。县东安昌八里遍地决裂，有长一三丈者，有五丈者，涌水溢流如河。又嘉靖三十四年十二月十二日夜半

元代砖墙

写满岁月沧桑的小巷

① 朔：农历每月初一。

② 望：月圆，农历每月十五日前后。

韩城地震，厥声轰轰如万车自西北往东南去，倾仆庐舍[①]，压损旄倪[②]，韩视蒲州、渭南，幸减十分之九。然河揺决裂长踰十数丈，地翻泉出，几遍河滨。此余乙卯躬覩[③]，允矣非常之变也！”这次大地震震级达 8 级以上，《中国地震目录》援引当时同州府的奏报说："秦晋之交，地忽大震，声如万雷，川原坼裂，郊墟迁移，地裂纵横如画，裂之者水火并出……压、饥、疫、焚死者不可胜计。其奏报有名者八十三万有奇，不知名者复不可数。”地震时，党家村除 14 座建筑质量较好的四合院外，其他民居建筑几乎全部倒塌，只遗留了半截元代砖砌墙。地震和瘟疫过后，党家村人口锐减。至万历初年，党家村人口仅有 100 人左右。1973 年，在龙门镇西塬村出土的一块碑石，记载了这次地震对党家村及周围村庄的破坏情况。地震及此后的瘟疫和连年的旱灾使韩城很多村庄成了无人区。据明张士佩《韩城县志》记载："干谷里户五十八，丁四百六十六。”当时，干谷里辖上甘谷、相里村和党家村三个村子，总人口仅相当于明嘉靖年间（1522—1566）党家村一个村子的规模。

清康熙八年（1669），清政府将明朝宗室藩王所遗土地归民户所有，称为更名地。康熙五十一年（1712）又实行摊丁入亩，并宣布“滋生人口，永不加赋”，从而促进了农业生产的发展和人口的增长。清乾隆四十九年（1784）至道光三年（1823），韩城人口总数大体保持在 19 万人左右。清嘉庆二十二年（1817 年）韩城人口总数达到 19.93 万人，这是新中国成立前，韩城历史上人口总数的最高纪录。这一时期，居民多居住在川道和台塬地区，人口密度大，党家村人口也达到千人以上。

从清咸丰年间（1851—1861）开始，关中地区不断发生蝗灾和旱灾，百姓生活困难，人口发展呈下降趋势。尤其是光绪三年（1877）至 1929 年这 52 年间，发生两次大饥馑和大瘟疫，人口下降特别明显。其中光绪三年（1877）的灾荒惨不忍睹，其惨状被编成《荒岁歌》，刻有荒岁歌碑，此碑现存陕西历史博物馆。1929 年年馑时，党家村人互相周济，卖掉了祖坟上的几十棵柏树后，村民生活有了依托，平稳度过了饥荒。这时人口约五六百人。此后由于连年战争，人口数增加不大，至新中国成立，韩城全县人口仅 12.48 万人，其时，党家村的人口在六七百人之间。

1949 年后，党家村人口出现了一定增长。2017 年，全村共有 431 户，1508 人。其

① 庐舍：即房屋。

② 旄倪：即老人小孩。

③ 覩：同“睹”。

中党姓居民 339 户，905 人；贾姓居民 48 户，452 人；其他姓氏居民 44 户，151 人；全部为汉族。

党家村几个重要时期人口情况统计表

表 1

时　间	总户数（户）	总人数（人）	备　注
元至顺二年（1331）	1	1	建村时期
明景泰年间（1450—1456）	30	240	
明嘉靖三十四年（1555）	—	400	
明万历初年	—	100	
明万历三十五年（1607）	58	466	含上甘谷村、相里村
清嘉庆二十二年（1817）	—	1000	
1929	—	约 600	
1949	—	约 700	
1990	375	1101	
2000	377	1288	
2005	379	1399	
2011	388	1419	
2012	387	1422	
2013	398	1433	
2014	411	1477	
2015	403	1429	
2016	427	1499	
2017	431	1508	

人口源流

党姓、贾姓以及其他姓氏入住党家村的时间不尽相同，大致可分为三种情况。

党姓　党姓的来源有多种说法，但主流出自于姬姓，是周人的一支。据《万姓统谱》记载，春秋时晋国公族大夫封邑于上党（今山西省长治襄垣一带），其后以邑为氏，

党族老家谱照片

称党氏。后多居住在山西、陕西一带。魏晋至隋唐时期，陕西省大荔、高陵等地的党姓繁衍成望族，当时这里属冯翊郡，这支党氏遂以冯翊为堂号，拜冯翊堂。

在姓氏上，“黨”字和“党”字不能笼统地以繁体字、简化字相互代替，“黨”和“党”是两个姓氏流派，区别很大。党家村的祠堂牌位、石刻碑碣、家谱，连同科举时填写的履历，都是用的“党”字，没有发现用“黨”字的。“黨”统一写成“党”是新中国颁布简化字之后的事，党家村是“党”姓，不能写成“黨”姓。

党家村党氏祖籍山西省永济市陈村，南宋初年，宗祖党利来到陕西省朝邑县，以租种黄河滩地谋生。后经商贩盐获利，遂于南宋绍兴二十二年（1152），落户陕西省朝邑县营田庄（即今营南村）。既而子孙蕃衍，人丁增多，又迁往本县营西村定居。党恕轩是党利的第六代裔孙，党恕轩兄弟七人，迁徙异地定居者四人。党恕轩于元至顺二年（1331）移居韩城县北部，建立党家村。党家村党氏和大荔、高陵等地的党姓有渊源关系，拜冯翊堂。

贾姓　党家村贾姓祖籍山西省洪洞县，家财巨富。明洪武年间（1368—1398），贾伯通至韩城经商，先寄居北贾村，后迁往韩城县城，与本县解家合伙经商。后来解家衰败，转为贾家独营。时逢荒年，贾家兼并倒闭之商号若干，大量买卖粮油，获利甚丰。明弘治八年（1495），贾家第五世贾连娶党姓女子为妻，生子贾璋。明嘉靖四年（1525），贾璋以甥舅之亲定居党家村。一直以来，党家村贾姓人都拜贾伯通为始祖，至于拜什么郡望和堂号已无从考知。

其他姓氏　其他姓氏入住党家村可分为两种情况。一种是1950年土地改革后就地定居。1942年春至1943年秋，河南发生了惨绝人寰的重大灾情，即河南民间流传的“水、旱、蝗、汤，河南四荒”。灾情不但波及河南全省，而且还影响到周边的山东、安徽、山西等省的部分县。河南、山东一带的逃难人员大量涌入陕西，韩城各村庄几乎都有鲁豫难民。当时党家村住有张、朱、李、郭、王、郑六个姓氏的河南籍逃难人员，这些人拖家带口，以给党、贾两姓中的富户人家做长工谋生。1950年，韩城土地改革后，他们分到土地入籍党家村。一种是库区移民。1971年，韩城兴修盘河水库，有两户李姓居民由原盘龙乡迁入党家村定居。

主要姓氏 建村之初，党家村只居住着党姓一族。明嘉靖四年（1525）贾姓落户到党家村，从那时起，党家村就一直是党、贾两姓人家的居住地。党、贾两姓和睦相处，各自在村庄建立了自己的祠堂，祭拜祖宗。他们有着共同的信念与追求，繁衍生息，艰苦创业，为子孙留下了殷实的家业。1949年新中国成立后，党家村开始有了其他姓氏。截至2017年，党家村共有17个姓氏，除党、贾两姓外，还有秦、黄、耿、余、张、郑、朱、杜、李、傅、王、郭、高、孙、樊15个姓氏。在680余年中，党氏在党家村已传嗣26代，贾姓入驻党家村比党姓晚194年，在党家村传嗣23代。

◉ 村务管理

明末清初 明末清初，党家村在实行乡里制的同时，又探索出了一种适合自身实际的公直老人制，二者互为补充。里长、保长拥有按比[①]户口、督催赋税、摊派力役、维持治安、兼理司法的职权；公直老人则负责村风监督、村民教化，协调纠纷等事务性工作。

党家村的公直老人制由党、贾两姓人共同推荐出8位德高望重、60岁以上的老人组成老人会，再由老人会推选出6位具有公心、为人正直的公直，共同管理村务。八位老人负责村级事务的决策，6位公直负责具体执行和管理。在发布文书时，落款署名“公直老人同具”。1929年大旱期间，经公直老人商议，变卖了党家老坟地和关帝庙里的柏树，帮助难以度日的村民度过荒年。公直老人手里有对村民的处分权，对于偷盗、搬弄是非、行为不检等村民不能容忍的劣迹，以及不积极履行打更、搭桥、扫雪等公共事

① 指核定户籍时确认身份、年龄。

务的，他们都会进行教育管理，直至处分。这其中，最重的处分是“革出行外”，也叫“打赛”。被革出行外的族人或村民，无权参加村里的所有活动，庄稼也不再受村组织的保护，其行为受到村人甚至邻村人的鄙视，其人品为全体村民耻笑，虽然他们没有被开除村籍，但在村中再也挺不直腰杆。过去，村中不止一次出现过被革出行外之人。公直老人制实质上是封建宗法制度下的一种村民自治组织。

民国时期 辛亥革命后，政府指派乡约管理村中事务。但由于公直老人制的存在，乡约在村中难以开展工作。直至 1927 年，冯玉祥管理陕西事务，期间推行由县政府直接管辖的村长、保长制，党家村公直老人制才逐渐被取代。

新中国成立至改革开放前 1948 年 3 月，韩城解放，韩城县人民政府颁布法令，废除国民党执政时期的保甲制，实行区、乡、村三级管理。1950 年，党家村成立了农民协会管理村级事务。

此后经过土地改革运动、互助组、初级社、高级社，到 1958 年 9 月的人民公社化，党家村逐步形成了政社合一管理体制，即生产大队管理委员会制度。这一制度集行政管理和生产经营于一身，运行了 20 多年。

农村工作队在村务管理中起着重要作用。新中国成立初期，县政府农村工作队就常驻党家村宣传党的路线、方针，落实社会主义改造政策，加强村庄组织力量，帮助村庄进行政权建设。社会主义改造完成后，县政府又派工作队常驻党家村，巩固合作化成果。1963—1966 年，驻村农村工作队力量进一步加强，直接领导村庄进行了“小四清”（清账目、清财务、清仓库、清工分）运动，进而领导村庄进行了“大四清”（清政治、清经济、清思想、清组织）运动。“文化大革命”时期，工作队员经常驻村监督指导工作，开展政治运动。

改革开放后 1983 年后，党家村实行村民自治。村上设“两委”会，即中国共产党党家村支部委员会（简称村党支部）和党家村村民自治委员会（简称村委会），实行民主选举。村党支部由支书、副支书和委员组成，是中国共产党在农村工作的基础和领导核心。村委会由村主任、副主任和委员组成，下设村治保主任、妇女主任、村会计、村民小组长等，协助镇政府工作，落实政策决定。“两委”会在研究讨论重大问题时，执行民主集中制原则，采取少数服从多数的办法。在村务管理方面，实行党务公开、村务公开、财务公开、服务公开，全体村民共同参与村务管理。在村“两委”会之外，还设立了村务监督委员会（简称村监委会）。

党家村制定有村民自治章程，包括总则、组织机构、管理、社会主义精神文明建设和附则五部分内容。分别阐述村委会、村民会议、村民代表会议的职能、性质和职权等。村务管理上实行“四议两公开”制，即村中重大事项由村党支部提出初步意见和方案；依据党支部的方案，组织村“两委”会班子成员充分讨论商议；再提交党员大会讨论审议，对方案做进一步的修订完善；重大事件在村党支部的领导下，由村委会主持，召开村民代表会议或村民会议研究决定；经过村民代表会议或村民会议研究确定的事项，形成决议；决议事项在村党支部领导下由村委会组织实施，实施结果及时向全体村民通告。村“两委”会和村监委会实行目标责任制，“两委”会每年向村民代表大会述职，接受村民监督。

◉ 村域经济

明嘉靖以前 元至顺二年（1331），党恕轩初到东阳湾时靠租种白庙寺田为生。生活稳定后，党恕轩和他的后人，在东阳湾开垦荒地，从事农业生产，他们种植的作物有小麦、玉米等。在满足自身生活的需求外，把多余的农产品拿到集市上出售。农闲时间，他们不断在河谷一带开荒，扩大种植面积。随着土地的增加，他们分出一部分土地专门种植棉花、油菜、蔬菜等经济作物，再到集市上出售，获取经济效益。这种经营方式一直持续到明嘉靖年间（1522—1566），约200年时间。

明朝中后期 明朝中后期，传统的小农经济模式在党家村依然存在。但是随着人口的不断增加，人地矛盾日益突出，党家村人开始到西北山区建立山庄子。党家村的山庄子分布在原林源乡（今王峰镇）的党湾凸和原盘龙乡（今西庄镇）的党湾村一带，采取雇人生产，庄主按照约定好的比例收取租金的办法经营。最著名的山庄子当推党孟辀的山庄子，他的山庄子土地面积最大，获利最多。党孟辀家有十匹骡子，每到收获之季，常能看到他赶着骡子进山拉运玉米。党俊鸿家的山庄子在原林源乡（今王峰镇）峙山磊西沟，仅林地就有200多公顷。

清朝至新中国成立前 清朝初期，党家村旅外商业开始起步，并迅速成为村庄经济的主体，传统的小农经济和山庄子经济在村庄经济中的比重越来越低。清朝末年，党家村最后一座山庄子因经营不善而倒闭。清光绪三十二年（1906）以后，随着党家村旅外商业的衰落，小农经济曾再度成为党家村经济的主业，但时间短暂，只有30余年。

清顺治十一年（1654）前后，党家村党氏第十一世党德佩来到河南南阳府瓦店镇做生意，开启了党家村延续200多年的旅外商业繁荣局面。党氏族人创立的恒兴桂商号和贾氏族人创立的合兴发商号，是当时南阳府的两个重要商号。太平天国运动期间，党氏、贾氏两族的生意达到了鼎盛。清光绪三十二年（1906）京汉铁路开通后，商业运输线改道，南阳府生意逐渐萧条，党、贾两族的生意也随之衰落。

恒兴桂商号[①] 党德佩去南阳（今河南南阳）时，用毛驴驮了两捆棉花，他用卖掉棉花的钱做本钱，在白河北岸的贾营做起了卖瓦盆瓦罐的小生意。有了积累后，党德佩于康熙元年（1662）在瓦店镇开设了专营木材、兼营长途贩运的恒兴桂商号，简称桂号。

清朝建立初期，经济亟待恢复，木材需求量很大，党德佩的生意因而发展很快。桂号利用白河水运之便，从瓦店镇雇船南航，经襄樊，入汉水，达武汉进行长途贩运。他们去时满载农产品，返回时装载木材和适销货物，生意十分繁忙。除经营木材外，桂号还经营粮油。

康熙平定“三藩”时，瓦店一带成为清军南下的补给地，桂号又帮助清军购置军需用品，获得了丰厚的商业回报。雍正初年，瓦店镇东北的街面全部成为桂号商铺的私家财产，桂号已积聚了相当的财力，成为瓦店镇数一数二的商号。瓦店镇是当时全国重要的水陆码头，商贾云集，各大商号推举桂号掌柜做商业盟主，协调关系，裁判争执。

咸丰年间（1851—1861），桂号一分为四：党镇疆继承了恒兴桂商号，党定疆立恒兴庆商号，党卫疆立恒兴栋商号，党守疆立恒兴永商号。由于太平天国运动，南北交通受阻，西南诸省的商业线路改道由襄樊经瓦店北上，四个商号的生意达到了鼎盛时期，累计拥有土地300余顷。

合兴发商号[②] 党家村贾家先与解家村解家在韩城县城合伙做生意，解家生意衰落后，转为贾家独营。清乾隆十五年（1750），党家村贾氏十三世贾翼堂到南阳府唐县（今南阳市唐河县）唐河沿岸的郭滩镇，接管了韩城解家村解家在郭滩镇的商号，设立合兴发商号。

合兴发商号发展十分迅猛，到乾隆四十年（1775），已成为郭滩镇的大商号。贾翼

① 引自黄德海著：《变迁——一个中国古村落的商业兴衰史》，人民出版社，2006年。
② 引自黄德海著：《变迁——一个中国古村落的商业兴衰史》，人民出版社，2006年。

堂于是聘请党家十四世三门党玉书为西家[①]，并吸纳解家入股，开始合伙经营。贾翼堂和党玉书把商号迁到50千米外的赊旗镇，在唐河、白河沿岸广设货栈，在襄樊和汉口设立分号，把贸易范围往南扩大到汉口、长沙，甚至广东佛山。他们自备舟船，由水路向南贩运小麦、芝麻、香油、皮革、药材等，由陆路向北方陕甘一带发去南方的丝绸、瓷器、茶叶等。合兴发商号还经营钱庄，发行帖子。帖子是备有一定准备金，发行在一定范围内，可以流通使用的票券，主要在内部各商号之间使用。合兴发规模庞大，雇有伙计千人，大船多艘，逐渐发展成为赊旗镇十大行当中排行第八的木行老大。合兴发每天交易竹材6万根、木材三四千立方米，年利润30余万两白银。为了生意的需要，合兴发号增聘了党玉书之子党天佑和贾翼堂的族人贾某两位西家。

合兴发商号不断发展壮大，后来买下赊旗镇太平街南北两面所有铺面，购置附近良田千顷，嘉庆皇帝还特意向合兴发钦赐过一块"良田千顷"的牌匾。在兴建山陕会馆时，合兴发一次就捐银一万两。咸丰初年，为了生意上的方便，合兴发商号按股权分家，各自另立商号。东家方面立合兴元、合兴盛、三义发三家商号，西家方面贾家立德盛源、主敬堂、顺积堂三家商号，党天佑立玉隆商号。清咸丰后期，玉隆商号又分成玉隆汇、玉隆成、玉隆杰三家商号。1906年京汉铁路开通后，赊旗镇生意逐渐萧条，仅剩下三义发和玉隆汇、玉隆成、玉隆杰四家商号。

新中国成立后

新中国成立后，党家村集体经济和个体经济两种经济形式并存。1992年之后，旅游经济在个体经济中所占比重逐年攀升。

集体经济　1949年新中国成立后，党家村以集体所有制经济为主体，村庄土地所有权属于村集体，村民统一参加生产队劳动，到年终分红。经济以农业为主，主要种植小麦、玉米、棉花、红薯、谷类、豆类等农作物，并有少量苹果、西瓜、蔬菜、南瓜等经济作物。河川地带栽植桑麻。20世纪70年代之前，党家村粮食种植面积占到耕地种植面积的85%以上。小麦亩产量在60～92千克之间。收入水平较低，1967年，第一生产队单个劳动力产值仅0.19元。20世纪80年代之后，党家村实行家庭联产承包责任制，村民收入有所增加。集体经济主要是机动地、原村集体砖瓦加工厂、磨面机房等发包收入，收入很低。20世纪90年代，村集体创办党家村旅游开发公司，开发旅游经济，当

① 即经理，是一种敬称，相对东家而言。

年便为村民代缴水电费用，年终每人分红 30 元。这之后，效益逐年增加。2008 年，党家村景区管理委员会成立，每年从门票收入中提取 120 万元，作为租赁党家村民居的租金，归党家村集体所有。

2008—2016 年党家村旅游人数及门票收入统计表

表 2

类别 \ 年份	2008	2009	2010	2011	2012	2013	2014	2015	2016
游客数量（万人）	6.3	6.7	6.9	7.1	7.4	7.6	9.3	10.9	15.6
门票收入（万元）	127	135	148	153	167	240	300	315	500

个体经济　1980 年以前，村集体从集体耕地中按每人 0.1 亩的标准提取少量土地，作为村民的自留地。自留地的收入全部归村民个人所有。从 1980 年开始，农作物产量大幅提高，小麦亩产达 200 千克以上。耕地种植不再以粮食作物为主，蔬菜、花椒、苹果、西瓜、草莓等经济作物的栽培面积越来越多。特别是花椒栽培，已具相当规模，几乎家家有花椒。与此同时，劳务输出成为增加收入的一个重要途径。许多手艺人和年轻人纷纷外出，靠打工增加经济收入。还有一少部分群众则将目光投向实体经营，农民企业家党天保创建的建筑企业起步较早，在西庄一带影响很大。据统计，到 20 世纪 90 年代，全村共有花椒种植专业户 200 户，种植花椒 2.4 万株。外出打工村民达 366 人，人均纯收入达 1.94 万元。全村有建筑专业户 4 户，交通运输专业户 15 户，饮食服务专业户 5 户。全村经济总收入达到 1000 万元，农民人均收入达到 7000 元。

1992 年以后，党家村村民借力旅游产业开发，新建了一批住宿、餐饮旅游服务设施。其中宾馆 9 家，旅游纪念品商店 3 家，小卖部 3 家，基本满足了当时的旅游需求。2010 年，参与旅游服务的家庭共 35 户，占全村总户数的 9.46%，从业人员 134 人，占全村劳动力人数的 16.75%。其中经营宾馆的 30 人，经营商店的 3 人，经销旅游纪念品的 5 人，管理人员 15 人，导游 13 人，参加民俗表演的 68 人。2012 年 8 月，党家村景区管理委员会成立后，党家村旅游产业发展很快，旅游人数大幅攀升，以村民为主体的旅游服务业也得到较大发展。2013 年，全村从事农家餐饮业、住宿业的约 40 户 200 余人，餐饮、住宿收入 90 万元，交通运输收入 10 万元，占到了旅游业年收入的 1/3。2013 年，党家村年人均收入约 13000 元。到 2016 年年底，党家村村民在景区从事保洁工作 50 余人，民俗特色客栈 4 家，农家乐 20 家，旅游用品商店 3 家，旅游服务业已成为党家村个体经济的重要组成部分。

2010—2016 年党家村经济收入统计表

表 3　　　　单位：万元

类别＼年份	2010	2011	2012	2013	2014	2015	2016
农业经济收入	150	200	230	260	400	460	500
第三产业收入	1480	1530	1670	2400	3000	3150	5000
全村经济总收入	1630	1730	1900	2660	3400	3610	5500
农民人均纯收入	0.7	0.9	1.2	1.3	1.5	1.7	1.8

说明：该表按当年价格计算

文物胜迹

党家村文物荟萃，古迹众多，是“东方人类古代传统民居村寨的活化石”，有“民居瑰宝”之称，2001年，被公布为全国重点文物保护单位。四合院是党家村古建筑群的主体建筑，大到走马门楼、门房、厅房、厢房和照墙，小到门楣、墀头、旗杆斗子、门墩和门槛，乃至门前的拴马环、拴马桩、上马石，院中的天心石，房顶的五脊六兽，无不精雕细刻，别具一格。其中的门楣还是户主身份和地位的象征，可以识别出主人的志趣、出身和门第高低。照墙传达出了党家村人对美好生活的向往。泌阳堡是一个古寨子，它自成一体，和村中高耸的看家楼以及众多的稍门，共同构筑起了党家村的防御体系。双神庙、文星阁、节孝碑、祠堂、惜字炉、福字墙都是党家村的文化符号。

党家村文物古迹荟萃，保存有大量的四合院和文星阁、节孝碑、看家楼、稍门、惜字炉、古井、涝池等古建筑、古遗存，是中国北方传统民居的典型代表。

四合院

四合院是党家村古建设群的主体建筑，上寨有 28 座，下村有 95 座，共 123 座，分属于五个组。其中：一组 20 座，二组 21 座，三组 34 座，四组 31 座，五组 17 座。这些四合院历经风雨而又保存完好，典雅精致，富有人文气息，其鲜明的建筑特色与中国传统文化珠联璧合，成为中国传统民居的典范之作。

寂静幽深的四合院落

党家村四合院始建于元代，经过明朝初期党真布局，到明朝中后期逐渐成熟，定型于晚清咸丰（1851—1861）年间。其中：明正统（1436—1449）至景泰年间（1450—1456）建有14座；明末至清康熙年间（1662—1722）建有25座；清乾隆（1736—1795）至咸丰年间（1851—1861）建有67座；清咸丰（1851—1861）至光绪年间（1875—1908）建有17座。翰林故居、民俗展馆、贾家分银院、党家分银院、家训展馆、双旗杆院、书画院是其中的典型院落。这些四合院时间最长的接近600年，最短的也有160年历史。在明嘉靖三十四年（1555）十二月十二日的大地震中，大部分四合院建筑被毁坏，现在看到的多是清代时期重建的。这些四合院按照建筑年代和建筑质量可分为三级，其中一级26座，二级42座，三级55座。

四合院是中国北方一种传统民居，其最基本的特征是四和合。四指东、西、南、北四面，合是四面房屋围在一起，形成一个口字形。四合表达了四合院的基本建筑布局，即院基四面建有门房、厅房和厢房，中间合围成院子，用青砖墁铺，形成一个完整的院落。同时，四又寓意四平八稳；合者，和也，四和则安，安之且吉。党家村四合院的院基一般为长方形，宽12.5米左右，也有宅院面宽仅七八米的，进深多在23米以上，深者可达30米。庭院狭长，每户一般占地270平方米左右。个别面积较小的则规划成一颗印院落①，开中门。

党家村四合院大多为单院四合院，青砖墙、灰瓦顶、木头架，木雕、砖雕、石雕点缀其间，五脊六兽装饰房顶。虽然明、清两代的青砖大小不一，但所有的砖墙都砌摆得一线儿齐。并且所有木活均是纯木活，绝不使用一丁点铁钉，除了运用卯榫连接外，积木中的不倒翁原理、跷跷板原理也被大量应用。

党家村四合院由门外部分、门楼和院落三部分组成。门外部分主要有拴马桩、拴马环、上马石或下马石。个别取得功名的人家门前还专门设有旗杆斗子。门楼部分是走马门楼，上有门楣题刻，附属设施有墀头、挂落、门框固扇、柱础石、门槛、门墩等。院落部分有门房、厅房、厢房，附属设施有照墙、花墙、天心石、五脊六兽、筒瓦包沟等。

门楼大多建在门房偏左或偏右方，华贵大气，称“走马门楼”。大门按八卦位置开设，建在门房左边的叫巽字门，建在右边的叫坤字门，但一般不建在门房的中间，即不开中门。党家村人有中门风水硬的说法，认为只有神庙、官府、祠堂、学校和大户人家

① 正方形院基，面积较小，因形似一颗方印，当地人称之为一颗印四合院。

能承受得起这样硬的风水，才开中门。

打开大门，通过门道，绕过照墙，才能进入院落，因此院落内的状况在门外是看不到的。这种含蓄的建筑艺术讲究的是聚气，追求的是《易经》所说的“潜龙勿用，阳气潜藏”①。从实用性上讲，这样做可减少门外干扰，保持院内安静。

鳞次栉比的四合院分列在巷道两旁，豪华的走马门楼一律朝向巷道，走马门楼的两侧有雕刻精美的拴马桩和瑞兽上马石，墙上有拴马铁环，少数人家的门前还立有旗杆斗子。再配上古井、涝池、长寿凳等，生活气息十分浓郁。

门外设施

客观地讲，四合院门外部分没有严格要求，正因为没有严格要求，才是可以动心思和用功的地方。旗杆斗子、上马石、拴马桩，它们充分凸显出高门大户的荣耀，与走马门楼交相辉映。

旗杆斗子　旗杆斗子是名分的象征，就是在旗杆上部七分位置的地方悬挂用来量粮食的器具——斗。旗杆约3米高，斗是18千克的斗，上面雕刻着外圆内方的钱币。旗杆和斗在中国传统文化中极具象征性，甚至官员的俸禄都是用粮食来计算的，将这两样东西组合在一起，传达的是功成名就的荣耀与富贵。党族祖祠、贾祖祠与6家四合院门前都立有旗杆斗子。其中党族祖祠、贾祖祠和武举人家老院、举人贾乐天家、拔贡党之学家等7个四合院门前挂有一重斗子，进士党蒙家门前挂有二重斗子。

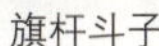

旗杆斗子

旗杆斗子上部钱币状的斗

① 这句话隐喻建筑藏风敛气，培植元气。

上马石

上马石 党家村家家都有上马石，放置在大门前台阶两侧。上马石是一方形青石，正面雕刻兽头，阔鼻长须，形象威猛，除了便于主人上马、下马外，还隐含了驱邪镇灾的愿望。

拴马桩 党家村拴马桩石雕是民间石雕艺术品，是拴系骡马的条石，用坚固耐磨的青石雕凿而成。党家村四合院门前几乎都有拴马桩，这些拴马桩一般高 1.5 米，宽、厚 22 ~ 30 厘米不等，竖立在大门两侧，是四合院的有机组成部分。

党家村人的拴马桩，桩头是 0.5 米高的圆雕，圆雕是瑞兽或人物形象，或蹲或戏，或食或睡，憨态十足，形象生动。大多数拴马桩的桩头都是猴子形象，有戏耍的、吃桃的、静思的，臂部留有一个小孔可以拴系马缰绳。正对巷口的拴马桩桩头一般都是狮子形象，在桩体上还刻有“泰山石敢当”几个字样，狮子的两条前腿可以穿过马缰绳。还有少数拴马桩的桩头是胡人形象，取胡人善于驭马之意。

狮子拴马桩

石鼓拴马桩

胡人拴马桩

瑞兽拴马桩

拴马环

拴马环 党家村四合院的门房背墙、厢房背墙上都安有数量不等、拳头大小的铁环。因为可以拴马，所以有人就叫它拴马环。其实它的作用不只是拴马，党家村人很讲究，不在墙面上乱钉钉子，办红白喜事、闹社火时，墙上的铁环可以用来系绳子。拴马环是筑墙时的附属产物。为了让墙结实耐用，工匠在做墙体时，每隔 1.5~2 米的距离，就会镶嵌进一根长铁钉，起加固作用。铁钉一般长约 0.4 米，露出墙外的圆头相对较大，嵌进墙体里的则略细一些，可以弯曲、折叠。后来，人们经过改进，发现给圆头上添加一只圆铁环就是理想的拴马设备，于是，铁钉的外头就变成了现在见到的拴马环了。

走马门楼

走马门楼是韩城人对富贵人家的趣称，也称高门楼子或高门槛。门楼高了门槛自然也就高了，高门楼子和高门槛说的是一个意思，指的是这户人家很富贵。那么，又为什么叫走马门楼呢？因为“走”字在文言文里面是“跑”的意思，用“走”修饰“马”，寓意有马的风光与潇洒。古时，在韩城，骑马是身份的象征。

走马门楼在结构上有其共性，即整个门楼分为上下两部分，上半部分是阁楼，下半部分是大门和门道。阁楼在装饰形式上十分个性化，周围略施藻绘，阁裙全部透花，饰以枫拱和垂花，称垂花门楼；有人梦寐以求金榜题名，入仕为官，就把阁楼装饰成轿子式样。图案内容也各不相同，有在阁楼正面、周边雕刻一套完整故事画的，有在周边雕刻卍字拐、回龙纹的，有在下部刻文房四宝和其他花型的。雕刻有木雕，也有砖雕。尤其是阁楼中间的门楣部分，形成了独特的门楣文化；阁楼两侧框墙上的两个墀头，集中了党家村砖雕的精湛技艺，最引人注目。走马门楼从建造风格上看，可分为广梁门楼、金柱门楼、蛮子门楼、如意门楼四种类型。

广梁门楼 这类门楼的门前空间较大，门楼也比较高大，内外门道有足够的空间，是上乘门楼。其特点是在房屋中柱上安装抱框和大门，外门道占半间房的空间，房梁全部暴露在外，因而叫广梁门楼。广梁门楼在四种门楼中级别最高，党家村有个别家户采用这种门楼。

金柱门楼 这类门楼和广梁门楼一样，门楼高大，质量上乘，也是在房屋中柱上安装抱框和大门，所不同的是看不见房梁，门前只有少量空间。金柱门楼仅次于广梁门楼，党家村民居多采用这种门楼。

蛮子门楼 门楼前面空间相对局促，大门直接安在最外边的檐柱之间，外门道入深很浅，仅有可容身的空间，但相对安全，是次等门楼。这类门楼因南方富商最早使用得名。党家村这种门楼较少。

如意门楼 大门仍然安在檐柱之间，不同的是要在檐柱内砌筑砖墙，在砖墙中间预留出门洞安装抱框和门扇，没有外门道，门框上方只有两个门簪，上刻“如意”二字，或挂上如意装饰，因而就有了一个好听的名字叫如意门楼。这类门楼前面空间更小，是最低档次的门楼，党家村只有个别家户是这种门楼。

金柱门楼

蛮子门楼及门外空间

如意门楼

墀头 墀头既起支撑房檐作用，又起装饰门楼作用。它上半部分直接支撑房檐，是宽约33厘米、长约1米的檐板，砖砌，呈悬空弧形，党家村人形象地称其为“卷巴虎”。卷巴虎上下两端雕有云头勾纹。制作时将砖料斜切、磨光，呈弧形筑砌。为了保证弧形悬空部分的稳定，往往在弧形墙体中打上拐钉，钉头露在弧形中间，上面做成各种花型，花朵中间套上铁环，可以悬挂灯笼。墀头的下半部分是墀头的炉口和须弥座，党家村人形象地把炉口称作“座斗”。炉口是墀头最精美的地方，也是图案最集中的部分。它上与卷巴虎相连，下与须弥座结合在一起。墀头上的图案很丰富，画面样式多达40多种，是整个四合院建筑中砖雕艺术最集中、最细腻的地方。明朝和清朝前期的雕刻内容多为卦爻、符号之类，后期的就以盆景、插花、琴棋书画、笔筒、石榴、蝙蝠、人物故事居多，年代越久远的画面越简洁。

门楣 门楣的上方是两米见方的门额，上边题有大字，这些字以木雕或砖雕的形式出现，字体为楷体或行体，颜色为金色、蓝色、墨色或木质本色，它与周围的其他装饰

墀头

气韵贯通，形成了独具特色的门楣文化。门楣就好比是四合院的脸面，有了门楣的装点，四合院更加光彩夺目。

党家村门楣题字内容取材于中国传统文化，代表了传统文化的基本价值取向，是四合院主人内心世界的独白，体现的是主人的意志和追求，内容十分经典。党家村门楣可以分为三类。一类是体现主人志趣和修养的，比如清朝状元王杰题写的“安详恭敬”门楣，还有“履无咎、宣德居、谦受益、孝弟慈、树德第、诗礼第、话桑麻、笃敬”等，寥寥数语，就将四合院主人谦恭、谨慎、揖让、慈孝、仁善、德义的形象勾勒出来。而“话桑麻”门楣，在明礼、仁善之外，又多了一种对田园生活的向往与淡然。一类寄托着主人的希冀与追求，如“耕读传家、承休第、天赐吉祥、和为贵、瑞气永凝、居之安、贻谋燕翼”等，主人希望家道兴宁、书香永在、富贵永续的心态显露无遗。一类直接亮明主人的身份、地位，如进士党蒙书写的门匾是“太史第”，还有“进士第、世进士、世科第、明经第、登科、文魁”等，只要看到这样的门楣，就说明这户人家出过进士、举人，不是一般门第。

这其中比较典型的门楣有三个。一个是“安详恭敬”门楣，语出宋人朱熹的《小学集注·嘉言》：“教育小儿，先要安详恭敬。”意即安静、细心、谦恭、敬重。这个门楣为乾隆二十六年状元，乾隆、嘉庆两朝宰相，韩城庙后村人王杰所书。王杰以诗文见

状元王杰题写的“安详恭敬”门楣

十一种不同内容的门楣

长，工于书法，有“文章三江、字冠中原”之誉。一个是“耕读第”门楣，这是党家村最常见的门楣。它和“耕读传家”“耕读世业”一样，反映的是一种边读书边耕作，淡泊名利，令人向往的田园生活状态。还有一个是“楚书是宝”门楣，语出《楚书》曰：“楚国无以为宝，惟善以为宝。”这是一扇落屏门上的门楣，突出了一个“善”字。三个门楣，一个代表着高雅，一个代表着家常，一个代表着雅趣。

党家村的门楣在书法上十分讲究，一般都出自有功名之人或乡绅大家之手，笔力遒劲厚重，志趣高雅，具有较高的艺术价值。

门道 由两面砖墙组成的通道，地面用青砖或青石地板墁铺。大门安放在门道偏内两三米处，将门道一分为二，大门外的称外门道，大门内的称内门道。门槛在大门下面，两边雕有青石门墩。

在外门道两侧的内墙上，各有一个花砖围成的长方形竖框，其内雕有寓意吉祥如意的图案，或寄托主人立身治家的书法名言。图案外侧的墙壁上，各有一根明柱，明柱多为砖砌，一半嵌进墙体，一半露出墙外，露出部分用于逢年过节张贴对联。打开大门，正对的是照墙，即萧墙，也有的地方称之为女墙。照墙通常与山墙共用，合二为一，雕刻着各式图案。再向内走，就进入院落。

门墩 即门枕石，下部嵌墙体内，侧面刻有竖槽，用来框架门槛。同时，又有着支撑门框、托住门扇转轴的作用。上半部分凸向大门外侧，有方形、鼓形、狮子形几类。鼓形的门墩又称抱鼓石。方形、鼓形的门墩正面雕有兽头，有的还有人物、花卉等图案。

门墩

门槛 大门下的横木，两头框架在门墩竖槽中，以此分出大门的内外。门槛中间有锁环，它和两个门扇下边的铁链环连在一起可锁住大门。门槛一般不取下来，要进入门内必须先跨过门槛。党家村四合院的大门门槛是两条小板凳，每条板凳的高度很有讲究：有五寸（约16.5厘米）的，“五”主五行，五行全则万事和。有三寸六分五（约12厘米）的，取一年365天天天平安之意。还有四寸八分（约15.8厘米）的，取四平八稳之意。

门槛、门墩

家中有红白大事，亲朋来的较多，就可把门槛卸下来做板凳用。

院落

《周礼》认为房屋建造是大事，要举行典礼，因为它开启着家庭的运势，在讲究五行相生的同时，还体现礼仪思想，讲究次序位置，包涵“德”的准则，以此安顿家的秩序。

党家村四合院建筑布局充分体现着这一思想，讲究东方甲乙木，南方丙丁火，西边庚辛金，北边壬癸水，中央戊己土的位置对应关系，使家中五行俱全。房屋建筑高低错落，厅房最高，门房次之，东西厢房略低，且东厢房还要略高于西厢房。四面房屋的高度，尾数必须符合河图数[①]，即厅房高度尾数必须是1或6，门房是2或7，东房是3或8，西房是4或9；四合院虽然是四方形，但尺寸上外紧内松，即院落的宽窄由外向内逐渐放宽一点，以便聚气聚财；窗户一律朝向院内，背墙上不开窗户，讲究财气不外泄。一颗印四合院在党家村很少，只有3户。

党家村人把院落建筑看作一个有机的生命体，以“厅房为首，门房为足，左右厢房为两臂”，在布局上追求和谐、有序。每个房间在用途上也都有严格规定，起到规范家人行为举止，调整伦理关系的作用。

家训是四合院的必配内容，体现着党家村人的精神追求和生活品位，是前人对子孙最直白的告诫。通常以砖雕的形式出现在厅房（上房）两边的山墙上，使家的生命与精神伴随永恒。

厅房 标准四合院的大门是朝南开的，厅房建在北边，俗称上房。厅房通常为大三间结构，地基和房屋的高度不仅要高于其他三面的房屋，而且间口大，建筑质量好。它前檐多为歇檐，宽敞明亮，装有卍字纹、菊花、艾叶等图案的活动屏门，两边的山墙上刻有家训。厅房的功能有三：一是祭祀祖宗的场所，安放着祖宗的牌位，过年节时还要悬挂祖宗的影像，以示对祖宗的敬重；二是红白喜事接待贵宾的地方；三是家中重要活动的场所。

门房 门房建在院子的南边，与厅房相对，为三间或小五间结构，中间一间开中门，但不能和厅房的门正对着，要稍微向左或向右偏出一点，视角上不一定能感觉得到。门房可做仓库储存粮食。门房的西南角可用做厕所。厕所和西厢房连接处有过道，上边安有洞槽，承接门房和西厢房的雨水。

---

① 河图数指：北方1、6为水，南方2、7为火，东方3、8为木，西方4、9为金，中央5、10为土。

厅房和厢房

厢房 厢房一般为二层楼房，在高度上有七上八下的讲究，即下层高八尺（约2.67米），上层高七尺（约2.33米）。上库下宿，上层作为仓库，不做隔墙，下层多为四间结构，分隔成两部居室，按照兄东弟西原则分配使用。东厢房紧靠门房的一部房子的外间做厨房。如果大门朝向东、西，靠着巷道的厢房二楼还要做绣楼，住未出阁的姑娘。

四檐八滴水 质量上乘的四合院才有四檐八滴水，党家村有十几户这样的院落。这类院落的门房、厅房、厢房都是两坡水，院落房屋内外有檐，八面滴水，下雨时檐水成帘，气势壮观。为了追求四檐八滴水效果，厅房后边往往留有小院，东西厢房的背墙和邻居家的背墙之间要留有“夹巷”排水。自家的水是不能乱流的，必须留有合理的水眼，使雨水最后汇集在一起流走。贾祖祠、举人贾乐天家就是这样的建筑。

照墙 照墙也称影壁。进入四合院大门后首先看到的是照墙，它在内门道的尽头，也是进入院落的引墙，有遮挡外人视线的作用。即使敞开大门，外人也看不到宅内，给人以庄严之气，增加了宅院的气势。照墙一般是砖雕作品，浮雕居多，位置在厢房山墙的中央，周边有砖雕纹线或砖雕的卍字拐框，长方形，宽约1.5米，高约2米。底部一般有供奉土地神的小神龛，以求家中平安。神龛以外的墙面是照墙的主体，雕刻内容丰富多样。也有的照墙自成一体，不在山墙上。

照墙按照雕刻内容大致可分为四类。一类精雕细镂，有福禄寿图、喜鹊登梅图、封侯挂印图、六合同春图等，寄托着主人对美好生活的向往。一类雕刻以唐诗宋词、名言警句为主，主题鲜明，传达出主人的志趣。一类则与家庭情况息息相关。一类并不饰以具体文字或图案，只用纹线雕勾出一个框，此即素壁，意在要求后人清清白白做人。

“封（蜂）侯（猴）挂印”照墙，是一只灵巧的猴子用一根长长的竹竿顽皮地捅蜂窝，传达出主人家曾经取得功名，或希望后代多读书，将来在仕途上有所建树的美好愿望。六合同春照墙，慈祥的梅花鹿与高贵的鹤组合在一起，传达的是延年益寿的寓意。“吉（戟）庆（磬）有余（鱼）”照墙，既有古代战场上厮杀的戟，又有用于庆典的乐器，再加上一条仿佛还在戏水漫游的鱼，意在告诉后辈富贵的生活是依靠不断的努力换来的。而琴棋书画和梅兰竹菊照墙传达的是主人的生活追求、精神境界和文化修养。“福（蝠）禄（鹿）贺（鹤）寿”照墙，则通过一只蝙蝠、一只梅花鹿、一只千年鹤来

“寿”字照墙

象征主人家富贵殷实及耕读结合的生活图画。花开富贵照墙上雕刻的是牡丹图案，寓意吉祥富贵。

门楣题字为“光裕第”的人家，照墙上是一个“寿”字，字体为行草，笔法凝重，气势非凡，照墙四角为五只展翅飞翔的蝙蝠，底座是梅兰竹菊，名为“五福（蝠）捧寿”，寓意福寿双全。另一个同为“寿”字的照墙，则一改传统国画风格，以抽象手法写意。“寿”字是泼墨而成的松树样式，躯干位置被土地神龛占据，两者合为一体。神

“五福捧寿”照墙

“鹿鹤同春”照墙

“花开富贵”照墙

“卍”字拐墙

素壁

兔右下角是一只翘首欲立的老鼠，下面是大海泛起的波纹。图案释义为“福如东海长流水，寿比南山不老松”，传达的是寿与天地共长。门楣题字为“笃敬”的人家，照墙周边为砖雕“卍”字拐，寓意富贵不断头。中间是一朵莲花，周围是莲子莲叶，寓意连（莲）生贵子，它除了希求富贵，还有渴望香火旺盛之意，图案内容简单，但线条流畅，热烈大气。“花开富贵”照墙雕的是一幅牡丹图案，表达的是富贵吉祥。

在所有这些照墙中，以家训展馆对面的照墙内容最为丰富，最具有代表性。高大的梅花树下有一只扭头弯足的鹿，树即福，鹿是禄的谐音，代表钱财和职位。鹿嘴里噙着一支灵芝草，灵芝草是传说中的长生不老药，代表着长寿。鹿后面是一座山，寓意寿比南山。树间有两只飞翔的喜鹊，说的是双喜临门。树枝上有一个蜂窝，一只猴子用竹竿去捅，另一只猴子正在爬树，树上挂着一颗官印，取意封侯挂印。连在一起便是福、禄、寿、喜，寿比南山，挂印封侯，步步高升，极尽人间美事。

五脊六兽　脊是两面坡式房屋屋面的结合部和分水线，除具有稳定房屋结构和预防雨水渗漏的功能外，还有协调房屋自身重力、各部位尺度，并增强其高大、端庄感的功能。党家村四合院的门房和厅房屋顶都是两坡水、五条脊，尤其是厅房，有些正脊和垂脊上装有六种造型生动逼真的砖雕脊兽，合起来称为五脊六兽。

脊上有青砖浮雕装饰，脊饰的主题有牡丹、莲花、葵花、灵芝、葡萄、桃、蝠、鹿、仙鹤等，背景衬托多为云纹和其他抽象的几何纹饰，繁简运用恰到好处。加之高浮

四合院屋脊砖雕

雕兼局部透雕，以及较少的低浮雕运用，使整个脊饰光影效果与视觉冲击力十分强烈。

六兽的主要造型是鸱尾、狻猊、斗牛、獬豸、凤、押鱼，为圆雕。鸱尾也叫螭吻。传说龙生九子，未能成龙者居多，螭吻就是其中之一。把鸱尾安放在房脊上有辟邪驱灾之意。六兽布放对称，即正脊两头是一对鸱尾，各自头部朝外；正面两条垂脊上是一对相同的兽雕，背面两条垂脊上又是另一对相同的兽雕，头部一律朝向水流的方向。

天心石[①] 在青砖墁铺的四合院中间，平嵌有一块正方形青石，称之为天心石。每当腊月月尽，就在此处放上供桌，摆上蒸食，祭祀天地和各路神仙。门楣题字为“登科第”的武举人老院天心石保存最为完好。这方青石本是建造宅院时校正房基方位、测量

鸱尾（一）

① 引自李文英著：《民居瑰宝党家村》，陕西人民教育出版社，2002 年。

鸱尾（二）

鸱尾（三）

天心石

地平、把控尺寸的参照物，房屋建成后，却成了永久的历史遗留。它嵌在四合院的最中间，是四合院的原点，也是四合院的“心”，没有它，四合院似乎不够完整，于是又被人称为镇宅之石。天心石还给人以心理上的暗示，这就是：不管你走到天涯海角，你都不能忘记家，天地的心就在家，修好了心，就能找回属于自己的天地。

党家村四合院文物古迹一览表[①]

表 4　　单位：间

<table>
<tr><th rowspan="3">序号</th><th rowspan="3">所在村组</th><th rowspan="3">时代</th><th colspan="8">保护内容</th><th rowspan="3">保护现状</th><th rowspan="3">备注</th></tr>
<tr><th rowspan="2">门楼</th><th rowspan="2">门房</th><th colspan="4">厢房</th><th rowspan="2">厅房</th><th rowspan="2">附属物</th></tr>
<tr><th>东</th><th>西</th><th>南</th><th>北</th></tr>
<tr><td>1</td><td>一组</td><td>清</td><td></td><td>5</td><td>4</td><td>4</td><td></td><td></td><td>3</td><td>带跨院</td><td>完好</td><td></td></tr>
<tr><td>2</td><td>一组</td><td>清</td><td></td><td>5</td><td>5</td><td>5</td><td></td><td></td><td>3</td><td>带照墙</td><td>完好</td><td></td></tr>
<tr><td>3</td><td>一组</td><td>清</td><td></td><td>5</td><td></td><td></td><td>4</td><td>4</td><td>3</td><td></td><td>完好</td><td></td></tr>
<tr><td>4</td><td>一组</td><td>清</td><td>1</td><td>2</td><td>4</td><td>4</td><td></td><td></td><td>4</td><td>带稍门</td><td>完好</td><td></td></tr>
</table>

① 引自黄德海著：《变迁——一个中国古村落的商业兴衰史》，人民出版社，2006 年，有删改。

续表 4

序号	所在村组	时代	保护内容								保护现状	备注
			门楼	门房	厢房				厅房	附属物		
					东	西	南	北				
5	二组	清		5	4	4			3	带跨院有北房三间	完好	
6	二组	清		5	4	4			3	门外有照墙、稍门一间	完好	同治年间
7	三组	清	1		5	5			8	门外有照墙、上厅下有窑洞	完好	上厅下房
8	三组	清		3	6	6			3	带有后门	完好	咸丰
9	三组	清		5	4	4			3	带有后院	完好	
10	三组	清		4			5	5	3		完好	
11	三组	明		5	4	4			3	带有前院二座各三间	完好	
12	三组	明		3	8	8			3		完好	
13	三组	明			5	5	1		5	带有后院	完好	一颗印
14	三组	清					4	4	3	带有三层看家楼一座	完好	
15	四组	清		5			4	4	3		完好	
16	四组	清	1				4	4	5	带有后院	完好	一颗印
17	四组	明		3			4	4	3	有后院，门前有两个雕刻照墙	完好	
18	四组	清		6	4	4			4	带有偏院	完好	
19	四组	清	1	3		3	4	6	1	一连两院、带有绣楼	完好	
20	五组	清		5	4	4			3	带稍门，有后院	完好	
21	五组	清		5	4	4			3	前面有小院，西有偏院	完好	
22	五组	清		5	4	4			3		完好	
23	一组	清		3			4		3		完好	
24	一组	清			6	6			3		完好	
25	二组	清		5	4	4				有跨院	完好	
26	二组	清	1	5	5	5			3	前有稍门和小院	完好	
27	二组	清		5	5	5					完好	
28	三组	清			4	4			3		完好	
29	三组	清		5	3	3					完好	
30	三组	清		5	5	5					完好	

续表 4

序号	所在村组	时代	保护内容								保护现状	备注
			门楼	门房	厢房				厅房	附属物		
					东	西	南	北				
31	三组	元	1			3					一般	
32	三组	清			5		4	4		带有后院	完好	
33	三组	清		5	4	4					完好	
34	三组	清				4	4				完好	一颗印
35	四组	清		5			4	4	3	带有马房院	完好	
36	四组	清		5			4	4	3		完好	南屋顶为平房
37	四组	清		5	4	4				带有稍门	完好	
38	四组	清		4	4	4				带有稍门	完好	原为私塾，为一家
39	四组	清			4	4			3		完好	
40	四组	清		3	4	4			3	后院有砖拱窑洞 3 孔	完好	
41	四组	清		4	5	5				带有偏院稍门、照墙	完好	有井口楼子①，原有旗杆斗子
42	四组	清			2	2		5		带有 30 步台阶	完好	私塾院
43	五组	清		5			4	4	3		完好	
44	五组	清	1		4	4			5		完好	
45	五组	清		5	5	5				带有前院	完好	
46	一组	清		5			4	4	3		完好	
47	二组	清		5	5	5					完好	
48	三组	清		3		5					完好	
49	四组	清	1			3			3		完好	
50	四组	清		4	3	3			4		尚可	
51	四组	清		3			5	5			完好	
52	四组	清		5	2	4				下院有窑洞 3 孔	尚可	
53	一组	清		4			4	4			完好	
54	一组	清		3		3	4			3	一般	
55	一组	清		5			4				一般	
56	一组	清			3	3			3		完好	

① 指水井上建的小房子。

续表 4

序号	所在村组	时代	保护内容								保护现状	备注
			门楼	门房	厢房				厅房	附属物		
					东	西	南	北				
57	一组	清		5			4	4	3		尚可	
58	一组	清		5		4					尚可	
59	一组	清		5							一般	
60	一组	清			3				3		完好	
61	一组	清		5				4			尚可	
62	一组	清			6	6					一般	
63	一组	清			3	3					完好	
64	一组	清		5							完好	
65	一组	清				5					完好	西房为二层
66	二组	清		5	4	4					完好	
67	二组	清			5	5					完好	
68	二组	清		3							完好	
69	二组	清							3		尚可	
70	三组	清		4		3					尚可	
71	三组	清				4			5		完好	
72	三组	清				4			3		完好	
73	三组	清		3	3						尚可	东院
74	三组	清							3		完好	西院
75	三组	清			3	3					完好	
76	四组	清			4	4					尚可	
77	四组	清			4	4				后院有砖拱窑洞	完好	
78	四组	清					5	5			完好	南院
79	四组	清			7	7					尚可	
80	四组	清	1				3	3			一般	
81	四组	清		5	3						完好	
82	四组	清	1				4	4			一般	
83	五组	清		5			4				完好	
84	五组	清		5		4					完好	
85	五组	清			5				3		完好	
86	五组	清						4	3		完好	
87	五组	清					4		3		完好	
88	五组	清				4			3		一般	
89	五组	清	1		4	4					一般	
90	五组	清						4	3		尚可	

续表 4

序号	所在村组	时代	保护内容								保护现状	备注
			门楼	门房	厢房				厅房	附属物		
					东	西	南	北				
91	三组	清	1		4				3		完好	
92	三组	清		6	3	3					一般	
93	二组	清			4	4					尚可	
94	二组	清					4		5		完好	
95	二组	清		3	4						一般	
96	二组	清			4	4					一般	
97	二组	清		4	5	5					一般	
98	二组	清		3		3					完好	
99	二组	清		3		3				窑洞 2 孔	尚好	
100	二组	清					3				尚可	
101	二组	清				4			1		一般	
102	二组	清				5					一般	
103	二组	清					4				一般	
104	三组	清			4	3					一般	
105	三组	清			4	4					一般	
106	三组	清			3	3					一般	
107	三组	清			5	4					完好	
108	三组	清		5				4			一般	
109	三组	清				4					一般	
110	三组	清				4	5				一般	
111	三组	清			5						一般	
112	三组	清				3					完好	
113	三组	清		5	6						一般	
114	四组	清				4	2				尚可	
115	四组	清			4	3					完好	
116	四组	清			4	8					一般	
117	四组	清								窑洞 3 孔	尚好	
118	四组	清							3		完好	
119	四组	清			6						尚好	
120	四组	清		5							一般	
121	五组	清					4				一般	
122	五组	清						4			一般	
123	五组	清			4						完好	

◉ 古村寨

泌阳堡 党家村寨子位于泌水河之北，依塬而建，故称泌阳堡，保存完好。清咸丰元年（1851），时局动荡，清政府谕令民间建寨自保，党家村殷实之户为避荒乱，发起修筑寨子倡议。27户人家在举人党遵胜、贡生党之学倡导下，筹银1.86万两，历时5年，于村东北高崖上修建了泌阳堡古寨。现存的拓本《修建泌阳堡碑记》，对建寨情况作了详细记载。

泌阳堡北高南低，呈半岛形，总面积36亩。除东北角以狭长地带与北塬相接外，其他三面都是30～40米高的断崖绝壁，绝壁上还加筑了寨墙。寨墙原长约150米，内为夯土，外砌青砖，宽约3米，高约6米。墙上还有1.4米高的砖砌女墙。东北角与北塬相接处的马面处，墙高达9.4米，底宽7.5米，凸出墙外2.5米，宽3～7米的马面，上面筑有战棚，用来监视寨子下面，防止匪徒入侵。寨墙周边设置有数十门铁制炮，并配有弓箭、滚木、擂石等。

泌阳堡寨门

通往泌阳堡的暗道

泌阳堡易守难攻，仅在寨子南部底端偏东处有一处寨门与下村相通，其余三面皆不设门。由下村进寨要经过一段开阔地带，有陡坡相连，上了坡是20米长的砖拱隧道。隧道俗称城门洞子，外洞口开在绝壁上，前面空间只有10米见方，周围崖体用砖砌裹，十分有利于防守。隧道有两重坚固的大门，外边的一道大门用铁皮包裹，门后有直径17厘米的木椽，起加固作用。门内东侧隧道的墙壁上有小窑，是守门人值班的地方。内大门在寨子内，不远处设有城门楼，平时有人站岗，遇到险情时就关闭大门。在冷兵器时代，想从塬下强行攻入寨子几无可能。

泌阳堡内建有四合院36座，涝池一个，水井一眼，祠堂、神庙、惜字炉、碾子房等生活设施一应俱全。城门楼又兼具神庙功能，前面是关帝庙，后面供奉财神、火神等，楼两边建有圆洞门，门额题字分别是恤灾与防患。堡内有南北走向主巷道三条，四合院随巷道走向东西布局，周边有环形通道，村民交往十分便利。下雨时，堡内的雨水先流进涝池，再由涝池溢出后自然流入隧道，通过隧道外大门旁边的水眼流出，与下面村子的雨水汇合，最后汇入村南的泌水河。

寨子是防匪患、兵患的避难场所，人到寨子去避难，俗称“跑贼”。党家村古寨子在韩城很有名气，有民谣曰："西塬的涝池下甘谷的庙，党圪塄城上好多炮。"意思是说党家村寨子里炮多，防御性能好。

看家楼 看家楼建在村子中间，为砖砌方形四层阁式楼，高 14.5 米，可瞭望全村。看家楼傲然挺立，给人以凛然不可侵犯之感，它和文星阁、节孝碑构成了党家村的天际线，给古老的村庄增添了不少神韵。

看家楼一层东、西、南三面各筑有一个塔形门，二层东面有一个砖砌窗洞，三层四周开有六个窗洞，四层东西两侧各开一个六角形窗洞，南北两面则开有四扇屏式木窗，木窗两边及窗下墙体皆为砖砌花墙，楼顶为硬山顶两面坡式，拱形筒瓦装饰屋顶。

1918 年，靖国军中的杂牌部队秦保善营驻扎在韩城境内，烧杀抢掠，无恶不作。1918 年农历九月初一，为报北区民团团长党天成抵抗之仇，秦保善率部 700 余人跑到党

看家楼

天成所在的党家村，烧了党天成的家，杀死 2 名村民，绑了 4 名村民做“肉票”，抢得的财物竟装了 20 多辆马车。后来，党天成带领民团，与秦保善打了 1 年，终于把秦保善撵走了。百姓感激党天成，捐资为他家盖房。党天成坚持先盖有瞭望功能的看家楼。党天成组织民团一事被编成秧歌戏传唱，曲目收入《韩城秧歌剧曲目选》一书。

稍门 建在村口或巷末的警戒和防御性设施。党家村遗存四座稍门，这些稍门一般高 3.5 ~ 3.6 米，上面是门楼、歇山顶、木雕阁楼、屋顶脊兽，下面是大门，墙体为砖砌，与巷道边融为一体。也有的稍门不做阁楼，装饰也较为简单。

党家村古村落在村庄和巷道的出入口都建有稍门，利用台地落差、临街四合院的背墙、城墙等把村子封闭起来，以此保证村庄的安全。和平时期，稍门白天大门敞开，夜间关闭，男丁轮流打更，负责开关稍门；战乱时期，稍门口常设岗哨，派专人看守，遇

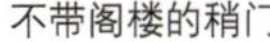
不带阁楼的稍门

坐落在上巷西头的稍门

有匪情时，随时关闭大门，敲锣发出警报。稍门外埋设地炮防御匪患，不要说是人，就是野兽也很难侵入。20 世纪 20 年代，稍门外的地炮就曾炸死过一匹野狼。

历史上，党家村共建有 24 座稍门，部分建于清咸丰（1851—1861）以前，部分建于咸丰初年。建于咸丰（1851—1861）以前的，位置一般都在村口和主要巷口。咸丰初年，党家村人在建造泌阳堡的同时，加固了先前修建的稍门，增设了部分新稍门。增设的稍门主要在通往村寨的路口及要隘处，建筑较为坚固，以高、大、厚、实为特点，门后都设有门杠[①]。众多的稍门将党家村封闭得严严实实，一般的盗贼很难进来，即使侥幸进来，只要关闭稍门，也会成为瓮中之鳖。

自咸丰（1851—1861）以后的 100 年中，社会多有动荡，土匪时常出没，殷实富足的党家村成为打劫目标，这些稍门为保护村庄安全发挥了很大作用。

◉ 古阁楼

文星阁　文星阁是党家村的标志性建筑，位于村子东南方向。它虽然叫阁，但按照建筑形式来说却是塔。塔高 37.5 米，塔围 19.5 米，底层墙厚 1 米，台基高 2 米，朝向西北，面对村庄。

文星阁底台

① 门杠是一条结实的横木，它插入稍门两边的墙中，紧贴着大门，可以增加大门的受撞力。

文星阁一楼供奉的孔子牌位

文星阁始建于清雍正三年（1725），清光绪三十二年（1906）重建。今天我们看到的党家村文星阁，是雍正年间（1723—1735）和光绪年间（1875—1908）的组合体，雍正年间（1723—1735）建造的阁亭如今已成了引廊。

文星阁为砖木结构，塔式形状，共 6 层。底台是正六角形，底层的引廊门朝西开，通过引廊可进入阁内，阁内有旋转楼梯，可直达顶层。六面墙壁外檐都悬挂着大铁铃，只要铁铃连续两天叮当作响，准会下雨，党家村因此就有了“闻阁铃而知将雨”的谚语。第一层阁门上方雕刻着塔的名称，“文星阁”三个遒劲大字高悬在阁的引廊大门之上，大门两旁的楹联是“配地配天洋洋圣道超千古，在左在右耀耀神灵保万民。”2 ~ 6 层每层外边都雕刻着大字，是这层阁的阁名，分别是大观在上、直步青云、文光射斗、云霞仙露、笔参造化。这些文字砖雕饰以不同的颜色，使整个阁塔少了几分冷峻，多了几分柔情。

文星阁 1 ~ 6 层依次敬奉孔子牌位、孔子弟子牌位、朱熹牌位、韩愈牌位、文昌帝君牌位、文曲星雕像。孔子是中国传统文化的代表人物，被供奉在第一层；文曲星是传说中主持文运的星宿，掌管着求取功名者的前途，供奉在最顶层。参加科举考试的学子都要参拜文曲星，希望得到文曲星的点化与护佑。文星阁各层的西北方都开有窗户，东南方向一律不开窗户，目的是藏风聚气，不让紫气溢出。

节孝碑 节孝碑位于党家村东稍门外的大路北侧，是党家村人党伟烈之妻牛孺人的贞节牌坊。党伟烈新婚后进京赶考，不幸暴亡，夫人牛氏坚守贞节，照顾党伟烈父母及家人 50 多年，光绪皇帝下诏旌表，立碑纪念。

节孝碑基座用青石做成，长 2.7 米，宽 2.17 米，高 87.5 厘米。碑为楼式结构，宽 2.22 米，厚 1.79 米，高 8.9 米，主牌坊距基座前沿 1.85 米。阁楼封顶，以青砖砌主体，以砖雕图案装饰点缀，工艺高超。

阁楼顶为悬山顶两面坡式，拱形筒瓦，五脊六兽，皆为透雕。阁楼高 1 米，共 2 层，

节孝碑全景

节孝碑侧面

四面镂空透风。檐下为层层叠起的砖雕，上部斗拱擎着檩条，檩上架着方椽。层层叠起，飞檐外翘。下为华丽的砖雕缀裙。阁楼两侧下方的墙体各有一副圆形砖雕图案，位置比正面砖雕缀裙的略低。

阁楼下边是青砖砌筑的楼体，正面为凹面，分三部分。上面是横额部分，

节孝碑碑洞

节孝碑阁楼顶

节孝碑横额

雕有“巾帼芳型”四个砖雕大字。横额的外围由游龙、麒麟、香炉等透雕图案组成。横额两边各有一个手捧“寿”字的人物浮雕，左边人物凸睛翘须、神情凶猛，右边人物慈眉善目、富态端庄。

中间部分是节孝碑的主体，嵌有青石碑文，高 1.94 米，宽 0.8 米。碑顶透雕着三龙捧旨图案，中嵌“皇清”二字。碑文为“旌表敕赠徵仕郎党伟烈之妻牛孺人节孝碑”。碑两侧有浮雕花边，浮雕为神话中的八仙，一边四个。主体的外部虎口上衔，莲花下托，衬有一副阳文砖雕的对联：“矢志靡他，克谐以孝；纶音伊迩，载锡其光。”

“旌表”的意思是“表彰”。“敕”为诏命，即皇帝的命令。“徵仕郎”是清朝的从七品文官，可封赠父母及妻室。上联中的“矢志”即意志坚定，“靡他”即“没有其他想法”，“克”即“能”。连起来说就是：牛孺人早年丧夫，守节不移，终生和睦邻里，孝顺长辈。下联中的“纶音”意为“皇帝的诏书”，“伊迩”意即“这么近”，“载锡”中的“锡”通“赐”。连起来说就是：皇帝表彰的话就在眼前，赐予牛老孺人无限荣光。

◉ 古庙宇

菩萨庙 菩萨庙俗称上庙，建在村子东北角的高台上，南向并排是五间寝殿，中间三间供奉菩萨，中为男相观音菩萨，左边文殊菩萨，右边普贤菩萨；东面一间塑有牛面人身牛王神像；西面一间塑有土地神像，穷儒模样。前边建有三大间南北敞开的献殿，献殿前有一对六七米高的龙凤铁旗杆，中间置一口用来烧纸的铁醮盆。献殿南边是一片开阔的庙院，对面是一座装饰华丽的戏台。东面毗连着送子娘娘庙，庙为完整的院落结构，送子娘娘凤冠霞帔，娴雅富态，左右各有一位骑马侍女，侍女的马褡中装着许多泥塑小娃娃，表明她们在娘娘的授意下，正在马不停蹄地给家家户户“送子”。上庙于 20 世纪 70 年代倒塌，戏台于 20 世纪 80 年代初被拆除。

关帝庙 关帝庙俗称下庙，建在村子东南角的文星阁下，有完整的围墙。主体建筑是坐北向南的关帝殿，殿基高 3 米多，三大间，东西各开有一个圆洞门。殿中美髯戎装的是关羽坐像，左右两边分别是关平与周仓的立像。楹柱上悬挂一副木制楹联，出自清代村中拔贡党之学之手，曰：“秉烛非避嫌，此夜心中唯有汉；华容岂报德，当年眼底总无曹。”关帝殿两边的山墙上绘有关羽征战的壁画。殿前的铁旗杆、醮盆以及戏台与上庙相同，只是多了一对威风凛凛的大石狮子。

庙院坐东向西另有三间宫殿，中间一间供奉着马王爷，南边一间供奉着法王房寅，北边一间供奉着药王孙思邈。马王爷为三头六臂，三只眼睛，其脾气火爆，形象剽悍，勇猛非凡。庙院里东北角是一间火神庙，庙院外东南不远处有一座财神庙。

关帝殿里还悬挂着 20 多面雕镂精细、颂扬关羽的金匾，是清嘉庆年间（1796—1820）襄樊一带同党、贾两姓有过商业往来的商号贺奉的。1958 年“大炼钢铁”时，被村人卸下来做了鼓风用的大风箱。下庙于 20 世纪 80 年代初被拆除，如今仅残存西面和南面的两段围墙。

双神庙　双神庙建于清咸丰元年（1851 年），位于泌阳堡城墙对面的涝池旁边，是一个单体建筑，砖墙木门，歇山顶，房顶饰有脊兽，里面供奉着伏魔大帝像和观音菩萨像。伏魔大帝是“武圣”关羽的封号。因为泌阳堡是防御性设施，故祈求保佑一方平安。

双神庙

党族祖祠

◉ 祠堂

党家村古村落中建有 11 处祠堂，其中党家祠堂 9 处，贾家祠堂 2 处。

党族祖祠 党族祖祠位于村子上巷偏东位置，坐北向南，建于清康熙三十八年（1699），俗称“老户”，是党家村保存最完好的祠堂。其建筑形式是四合院建筑和庙宇建筑的结合体。门房为大五间结构，中间三间为大门和过道，其余两间分列大门两侧，做门房用。门房为两坡水，青瓦铺就，其前后檐多向外伸出，明柱辅助支撑，歇阳空间较大。大门上方有宽大的门额，上书“党族祖祠”4 个大字，再上方挂着一块牌匾，写着“钦点翰林”4 个大字，光绪二年（1876），党蒙经殿试而选庶吉士，光绪帝钦点翰林，入翰林院。后党蒙回乡祭祖，族人立牌匾于祖祠大门上。大门两侧分别立有旗杆斗子，表明家族中出过光宗耀祖的人物。

进入祠堂院中，北厅木柱上悬挂着一副醒目的木刻对联：“由朝邑迁韩邑，五百载人文蔚起；自元代迄清代，二十世俎豆常新。”这是党蒙荣升翰林后回乡祭祖，循例为祖祠立旗杆、挂匾时写的。对联内容质朴无华，扼要地概括了党氏家族的源流、世系和发展情况。

北边的厅房叫寝殿，相当于四合院的上房或厅房，两侧是厢房。为了突出寝殿的主体位置，厢房只建一层瓦房。寝殿建在高台上，建筑明显高于厢房。寝殿内正面是雕刻精美的墙柜式主楼，安放着列祖列宗的牌位，中间最高的是高祖党恕轩的牌位，两边略低一点的是各门祖宗的牌位。牌位前有长条形供桌，桌上放置着香炉、鼎炉、酒觥等祭器。每逢节日祭祀，要在墙壁上悬挂祖宗的画像。

另外，党氏一族分门立宗祠堂三处。其中长门宗祠位于村子中央，平福巷东侧；二门宗祠位于泌阳堡涝池东；三门宗祠位于东稍门外南侧，俗称前三门祠堂。二门、三门人丁兴旺，各有分支祠堂两处。二门的两处分支祠堂一处位于泌阳堡涝池和二门宗祠之间，俗称前二门祠堂；一处位于村子西稍门外路北，名曰“西报本祠”。三门的两处分支祠堂一处位于东稍门外大道向南拐弯处的高台上，名曰“东报本祠”，俗称后三门祠堂；一处位于泌阳堡涝池正北，名曰“辉斋祠”。辉斋祠建成后一直没有供奉祭祀过。另有个人专祠一处，即“党太守祠”，系清光绪年间（1875—1908）党焯堂为父亲党蒙所建，题额大字系清末翰林、书法家宋伯鲁所书。

贾祖祠 贾祖祠位于村子上巷西部两个丁字路口处，坐西向东，建于清康熙四十九年（1710），俗称“贾户”。贾祖祠门前两侧有旗杆斗子和栅栏，门额上书“贾祖祠”。贾祖祠供奉贾伯通为始祖，贾连、贾璋父子为宗祖。贾家设分门祠堂一处，为贾二门祠堂，题名“本源祠”，位于村子西稍门外，俗称小祠堂。

党族二门宗祠

贾祖祠

因贾家入住党家村比党家晚将近200年，又是以外甥身份定居的，比党家辈分低，所以贾祖祠的基座也比党族祖祠略低。党族祖祠门前为三级砖石台阶，贾祖祠则为二级。党族祖祠的旗杆斗子基座位于大门口，贾祖祠的旗杆斗子则在台阶两边。除此之外，贾祖祠大门前用栅栏围封，只留下与台阶位置等宽的出入通道。据村中贾姓后裔说，这是希望贾家的后人行走有正道，做人要公心。贾祖祠的台阶跨度将近三米，比党族祖祠宽，显示其富有。贾祖祠大门外墙壁上有两幅对称的砖雕壁画，饰有花草等图案，寓意是希望本家子弟要堂堂正正做人，实实在在行事，不可走歪门邪道。

贾祖祠的内部结构与党族祖祠大体相同，门房是大三间结构，开中门，东西两侧为门房，南北两侧是厢房。厢房为楼房结构，每栋两间房，分别陈列着对贾家发展做出重要贡献的族人简介和早期党家村人的生活用品。正对大门的是厅房。厅房高而大，里面供奉着贾族的祖宗牌位。在厅房大门上方，悬挂着一块题有“德垂后裔”的牌匾。厅房正面墙壁上方也有一块牌匾，上书“追远之堂”四个大字。厅房现在是党家村景区的陈列展馆。

祠堂管理 立祠堂主要是根据人丁多少而定，人丁旺盛，自然就要分设祠堂。党家村人崇尚文化，看重名分，往往在祠堂挂上牌匾和有作为的先辈画像，激励后人奋发向上。党家村各祠堂都有一些砖木雕刻的楹联、牌匾流于后世。

祠堂的经费主要是土地租金和基金。基金本金来源于族人捐款，开支只能用利息。进士党蒙回乡祭祖时就给党族祖祠捐银五百两；贾槐东曾给贾祖祠捐献大量产业，事迹被勒碑记载，嵌在贾祖祠墙壁上。

祠堂设有总管，俗称“户老”，为总负责人，具体的财物账项及实物管理设两人专门负责。每年祭祀活动的具体差事由本祠堂各家户 18 ~ 59 岁男丁分组轮流承担，称之为“做节”。约 10 户为一组，党家村有百户人家，所以一个男丁一辈子“做节”的机会并不多。

◉ 古遗存

惜字炉 惜字炉是古人用于焚毁写有文字的废弃纸张的地方，是敬惜字纸、尊重文化，教育后人养成良好习惯的具体措施和表现。古人认为文字是神圣和崇高的，写在纸上的文字，不能随意亵渎，即使是废字纸，也必须诚心敬意地烧掉。

党家村的东、西稍门外、关帝庙前、泌阳堡附近的党族前二门祠堂前等，过去曾经建有 25 座惜字炉。这些惜字炉为砖塔形状，有歇山顶和筒瓦顶两种，高约 1 ~ 2 米，

歇山顶惜字炉

筒瓦顶惜字炉

分为两层，上面题刻有“化境通天地，文光射斗牛”的对联，中部开口焚纸，下部开口取灰。村民年节打扫房子时都要将家中的废弃有字纸送至炉中焚化，家中有学童的，则由学童用筛子过滤出祭祖时香炉中未烧尽的香头，将其虔诚地送到惜字炉中，与废纸一并焚烧。

党家村现存三座惜字炉：一座在村子上巷东头的中日友好广场外，为 20 世纪 90 年代修复；一座在上巷西稍门内，为 20 世纪 80 年代破损后随即修复的；还有一座在西稍门外，也是后来修复的，具体时间不详。

古井 党家村中有七口古井，其中元代一口，明代四口，清代两口，均沿用至今。古井由村民出资挖建，归全村人共用。每口古井都建有井房，井口以青石镶砌，房墙上有神龛，供奉龙王。过去家中生了小孩都要到井房插香烧纸，祭拜龙王。井房墙壁有出资挖井的碑记，记载着捐资挖井的情况。举人贾乐天曾给其中一口井题写对联：“龙居四灵之首，王与百姓同乐。”

古井

汲书巷的元代古井深 20 米左右，水质清洌、甘甜，井台上架有大轱辘，轱辘上缠绕着一圈圈绞水绳，生活气息十分浓郁，如今已经成了党家村的旅游景点。

涝池 泌阳堡位置较高，距离泌水河较远，堡内有一口古井，但水源较深，居民洗衣浇地很不方便，因此建有一处涝池。涝池呈长方形，东西宽 11 米，南北长 14 米，面积约 150 平方米。池壁与池底均用砌砖，四周为砖砌花墙护栏，水池北侧，还立有一面照墙。

下雨时，雨水首先流入涝池，然后由涝池溢出，经城门洞流出堡外。泌阳堡涝池的位置就在城门洞口上方，倘若有匪情发生，还可以直接用涝池的水漫灌，防止匪徒放烟火攻击。泌阳堡涝池实际上是一个综合用水和防御设施。

泌阳堡上的涝池

福字墙 东西走向的上巷是党家村一条主巷道，上巷西端的贾祖祠门前，是一南一北两条错开的丁字巷交汇处，较上巷其他地方宽阔许多。巷道南边是党家分银院的背墙，背墙上面有一个巨大的福字，人称福字墙。

福字墙上的“福”字是精美的砖雕，在书写时特意把上半部分写成了两个鹤头，一个向上，一个向下，寓意福寿延年。上半部分连起来看又像是个衣字，使这个“福”字中同时有了衣和田，寓意有衣、有食、能长寿为福。“福”字高约 1.2 米，宽 0.9 米，字体为行草，造型特异，为书法精品。福字墙正对着北面那户人家的大门，又如其门外照墙。

福字墙院落建于明末，门楣题字是“庆有余”，曾经是党家村党家的分银院。北边正对着福字墙的那户院落，是贾姓入住党家村最早的一户。

关于福字墙的来历有两种说法：一种是，“福”字是慈禧太后赐给翰林党蒙的，是对党蒙不结朋党、刚正不阿的表彰；还有一种是，北面那户人家建房较早，当初福字墙的位置建有一面照墙，而福字墙这户人家建房较晚，建房时两家协商，拆掉原来的照墙，在新建的背墙上雕一个“福”字作为照墙，这样两户人家的利益都照顾到了。福字墙有

400 ~ 500 年的历史。

党蒙是清光绪二年（1876）进入翰林院的，三年后入刑部任职。在党蒙任翰林时，光绪年幼，两宫太后垂帘听政，加之他官位卑微，慈禧赐福给他的可能性很小。

福字墙

福字墙所在的位置正好是上巷中最开阔的地方，村民们经常聚集在此处聊天。

长寿凳 在党家村党族祖祠大门的西侧，常年放置着一条长凳，这条长凳的凳面是从一棵老树上劈下来的，没有打磨刨光，也没有上漆，经岁月剥蚀，木头已露出了粗朴的纹理。两条凳腿，一条是木头做的，一条则用石碾代替，简单实用，没有精雕细琢。长寿凳之所以这样做，是取古树的仙气，追求自然和人之间的和谐，希望后世枝繁叶茂。

长寿凳长 4.4 米，宽 0.27 米，厚 0.5 米，是明朝末年的旧物，距今有 300 多年的历史。只有上了年纪的人才可以在长寿凳上坐，体现了党家村人对老人的尊敬和爱戴。

党族祖祠门前的长寿凳

党家分银院

分银院 分银院有两个，党家一个，贾家一个。党家分银院已对外开放。党家分银院位于上巷西头，门楣上题有“庆有余”三个字，上文说的福字墙就是它的背墙。福字墙是厢房的背墙，厢房有两层，上层是绣楼，绣楼窗口朝外。因逢年过节族人们会聚集在这里领取分红，因而被称为分银院。分银院门前的砖雕、木雕、石雕非常精美。

分银院的院子上空是系满铃铛的漫天网。漫天网密密麻麻，连鸟都飞不过去。楼梯出于防御考虑只修了半截。分银院厅房中塑有五尊人物蜡像，他们身着长袍马褂，长辫齐腰，分两桌而坐。靠近墙壁的一张桌子旁边坐有两位老先生，表情严肃认真。近门

分银院厅房中的人物蜡像

的一张八仙桌前坐着两位账房先生，一位在计算，另一位在记录，旁边站立着一位等待领取红利的村民。这组雕塑还原了当年分红的情形。

党家村文物古迹一览表

表 5

序号	名称	时代	具体位置	保护现状
1	文星阁	清	村东南	完好
2	党族祖祠	清	村东大巷	完好
3	贾祖祠	清	村中大巷	完好
4	党族前二门祠堂（东院）	清	寨子东	完好
5	城楼	清	寨子通道	完好
6	城墙	清	寨子	完好
7	节孝碑	清	村东	完好
8	暗道	清	寨子通道	完好
9	党族三门宗祠	清	村东南	尚可
10	官房（弹药库）	清	寨子南	完好
11	涝池	清	寨子南	完好
12	村西古井	清	大巷西头	完好
13	村中古井	明	汲书巷	完好
14	村南古井	清	六行巷	完好
15	寨子古井	清	寨子西南	完好
16	党族前二门祠堂（西院）	清	涝池东	尚可
17	党族二门宗祠	清	村西头	尚可
18	居住遗址	元	小坡崖	残缺待修

崛起之路

党家村的崛起起步于1992年，不仅仅限于文物、民俗、古文化展馆等旅游基础设施的改善，还在民俗传承上也做了许多有益的尝试和探索，从而为村庄的旅游业注入了文化内涵和发展活力。而党家村景区管理与村务管理分离，则是党家村旅游业发展的另一个里程碑。经过精心策划，党家村在食、宿、游客服务等方面均有了长足发展。

发现党家村

声名鹊起 20 世纪 80 年代初，香港电影《追索》在党家村拍摄外景。1983 年，影片上映，剧中的古民居打动了无数观众，党家村由此引起外界关注。1986 年，韩城市人民政府确定党家村为“韩城市历史文化保护村”。1989 年 5 月，日本九州大学教授青木正夫、日本工业大学工业博士本田昭四，率领 20 余名日本专家、学者到党家村考察古民居建筑。党家村在村庄上巷东端南侧建设中日友好广场以示纪念。1992 年，青木正夫用日文写成《党家村》一书，对党家村古民居建筑作了系统介绍，党家村开始进入主流媒体视野。1992 年之后，国内许多报纸、杂志、广播台、电视台对党家村进行了专题报道。10 多个国家和地区的数百位专家相继前来考察，对党家村古民居给予高度评价，党家村由此驰名中外。

开发保护 随着外来考察人员的不断增多，党家村古民居建筑开发保护工作也提上议事日程。1996 年 11 月，党家村制定出台了相关管理规定，确定保护措施，设立文物、民俗、古文化等展馆，积极保护修复民居建筑。1997 年，党家村邀请西安建筑科技大学研究制定旅游开发保护方案，组建专业导游队伍，党家村旅游事业开始步入正轨。

党家村第一个导游（后排右二）　　村民党亦民提供，郭旭平翻拍

入列名村 2001年6月25日，国务院公布党家村古建筑群为全国重点文物保护单位。2003年，党家村入选首批“中国历史文化名村”。同年，陕西省人民政府确定党家村为“陕西省历史文化保护村”。2008年，韩城党家村古建筑群被列入中国世界文化遗产预备名单。

◉ 开发党家村

编制规划 自2006年起，韩城市文物局和党家村委托陕西省文化遗产研究院制定保护开发方案，对党家村古民居建筑群进行抢救性维修与保护开发。2007年，完成了对党族祖祠、党族前二门祠堂西院、党族前二门祠堂东院、二组一号、四组六号等6处民居的勘察，编制出台了《党家村古建筑群保护维修工程（一期）方案》。2008年，完成了一期方案评审。2010年，完成贾祖祠、贾族分银院、家训展馆、西报本祠、民俗馆、文物管理所6处民居的勘察工作，编制出台了《党家村古建筑群保护维修工程（二期）方案》，并完成评审。2012年，完成了党族前三门祠堂、党族前二门祠堂（西院）和三户四合院落，共6处民居和看家楼的勘察，编制出台了《党家村古建筑群保护维修工程（三期）方案》。2014年，党家村景区管理委员会委托陕西省文化遗产研究院，对《党家村文物保护规划》进一步进行修订完善，明确了党家村景区保护开发的原则和思路。

确立思路

党家村历史文化遗存保护开发的基本原则和思路是：以合理利用、不破坏传统古村落原状及历史环境为基本原则，采取动静分区的基本展示策略，分类别、分区域、分批次进行保护修复。

分类别 保护开发工程分为三部分：保养工程，即在不改动文物现存结构、外貌、装饰、色彩的基础上进行经常性保养维护。包括屋面除草勾抹，局部揭瓦补漏，梁、柱、墙壁简易支顶，疏通排水设施，检修防潮、防腐、防虫及防火、防雷装置。维修工程，即在保存文物现状或局部恢复其原状的基础上，对部分文物进行结构加固处理。包括揭瓦顶、打牮拨正、局部或全部落架大修或更换构件等。抢险性工程，即对发生严重危险的古建筑，在保障建筑物安全、控制残损点继续发展，并保证所采取的措施不妨碍日后彻底维修的条件下采取的临时性加固措施。

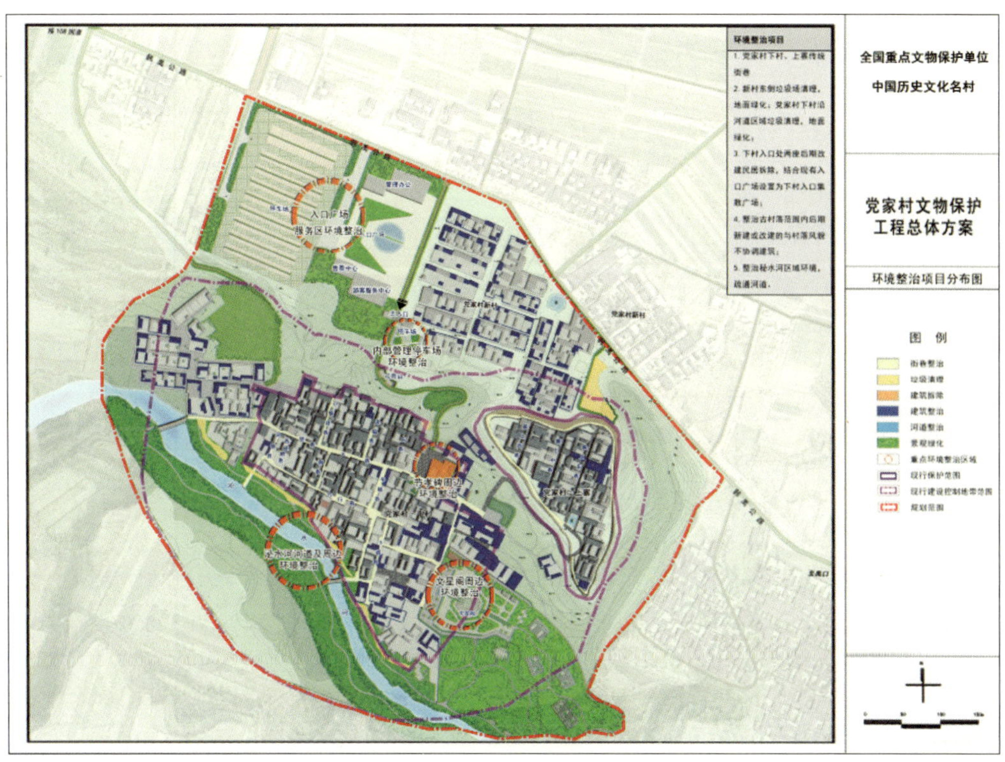

党家村文物保护规划图（一）

分区域 依据《中华人民共和国文物保护法》的有关规定以及党家村古建筑群的特点，将保护区划分为古村落保护区、建设控制区和环境控制区三个层次。下村和上寨主要以原状展示、陈列展示、场景模拟展示为主，古建筑的利用尽量保持原有民居、祠堂、庙宇、私塾的传统功能。上塬的新村，主要以民俗体验展示为主，与古建筑群保持统一的建筑风格与色彩。景区外围加强环境绿化，确保绿化率不低于 60%。同时，对可能影响景观环境的活动和开发建设项目进行严格审查和管理。

分批次 在保护开发上分清轻重缓急，分期分批进行。首先对损毁严重的建筑物和设施进行抢险性修复。其次是对出现残损的建筑物和设施进行保养维修。在此基础上，对所有文物进行经常性保养维护。通过保护修复，使文星阁、节孝碑、看家楼等遗存公共建筑得到充分保护和利用。

保护维修 2007 年以后，党家村先后实施了下水道抢救工程、党家村文星阁、上寨寨墙抢险维修工程；党家村宗氏祠堂维修工程；党家村古民居保护维修二期、三期工程。2009 年，完成党族祖祠、党族前二门祠堂西院、党族前二门祠堂东院、二组一号、

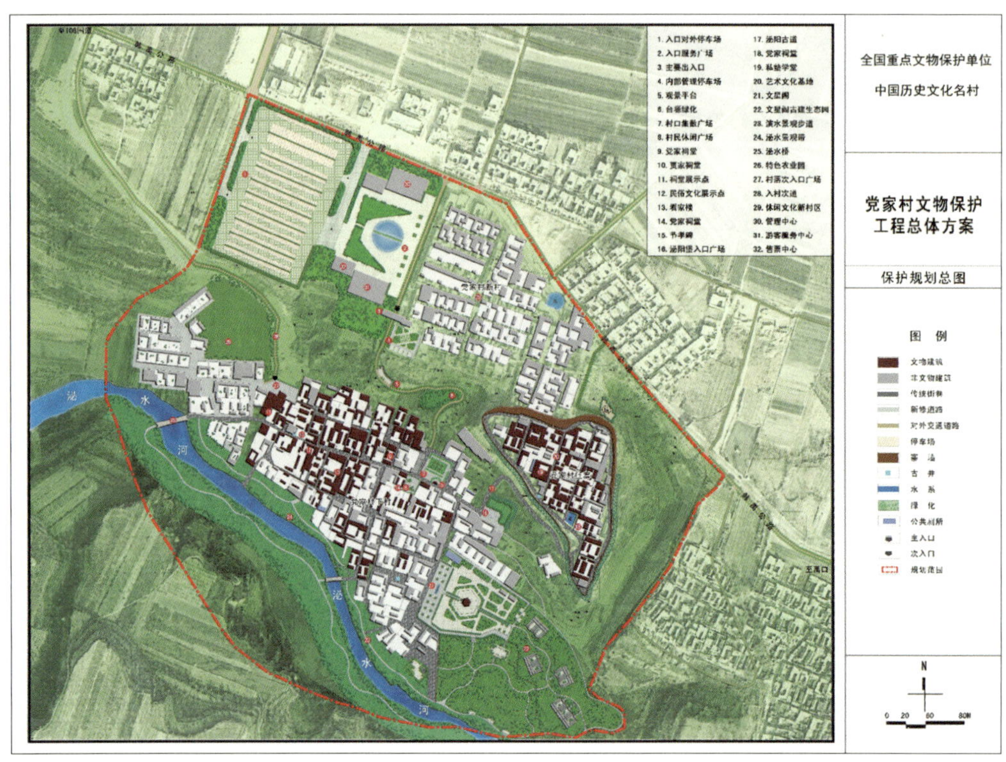

党家村文物保护规划图（二）　　韩城市住建局提供

四组六号等 6 处民居修缮工程。2011 年，完成贾祖祠、贾族分银院、家训展馆、西报本祠、民俗馆、文物管理所六处民居维修保护工程。2012 年 8 月，党家村景区管理委员会成立后，景区建设步伐加快，当年便完成党族前三门祠堂、党族前二门祠堂西院及四户四合院古民居建筑的维修加固工程。2014 年，完成党家村建筑调查及古民居建筑等级分级工作。2015 年至 2017 年 5 月，完成上寨 28 户、下村 58 户，共 86 户四合院的保护维修，设计完成 7 个民俗类主题展馆，并对泌阳堡崖体进行抢险加固，修复了古涝池和古寨门立面墙体，安装了古寨门，党家村景区面貌焕然一新。

◉ 打造旅游名村

加快转型升级　党家村景区注重软硬件设施建设，注意提升景区品质，增强旅游核心竞争力。2014 年，党家村景区管理委员会着手进行外景区建设，投资 5900 余万元，建设全长 1.9 千米、宽 63 米，从 108 国道到党家村的旅游公交路，工程于 2015

年完工。2015 年初至 2016 年 5 月，完成党家村旅游线路绿化覆盖及恕轩窑洞周围的绿化工程，安装一级导视 50 个，二级导视 54 个，三级导视 80 个。2015 年 5 月至 2016 年 10 月，投资 2202 万元，修建了民居瑰宝广场，建成包括占地 11 万平方米，有 748 个小车位、30 个大车位的大型生态停车场，党家村景区门楼，文化墙，商业街和 1988.2 平方米的游客服务中心。2016 年，对节孝碑周边环境、文星阁周边环境、泌水河河道及周边环境进行了台塬绿化、植被清理、垃圾清理，并对景区消防安全进行排查，整改线路 580 米，配置更换灭火器材 80 多具。保护开发措施收到了显著效果，2014 年 4 月 27 日，党家村景区升级为国家 AAA 级旅游景区。2016 年 4 月 21 日，党家村成为陕西省首个家训家规教育基地。2016 年 9 月 30 日，党家村入选陕西省首届最具魅力旅游摄影基地。2016 年 12 月 26 日，党家村景区被国家旅游局评定为国家 AAAA 级旅游景区。

新修复的泌阳堡寨墙

新建的文化广场

新建成的商业街

打造精品旅游

在入选国家 AAAA 级旅游景区后，党家村景区进行高起点定位，严格按照国家 AAAAA 级旅游景区的标准进行规划和建设，完善旅游功能，开发旅游产品，把党家村景区初步建设成韩城旅游的亮点、形象展示的窗口，力争在短期内建成国家精品旅游目的地。

生态旅游基地　增设了独木桥、磨坊、碾辣子、吊环、秋千等游客参与性较强的传统生活项目，增加了食、宿、行、游、购、娱 6 方面的体验性项目，发展了民俗特色客栈。

智慧旅游基地　开发了语音导游系统和赛导游移动客户端，开启了智慧旅游和建设智慧景区的新格局。

特色教育基地　增设建筑风格展示墙，设立民俗展馆、历史人物展馆、家训馆和村史馆、书画院、半景画体验区等，增加景区文化内涵，提升文化品位，把党家村景区建设成民俗风情体验基地、家风家训教育基地和陕西省公务员培训基地。

挖掘地方民俗项目

历史上，党家村将韩城一带特有的门楣和家训文化发扬光大，形成了自己的特色民俗。在新的历史时期，党家村在对本村民俗项目进行保护开发的基础上，将具有韩城地方特色的民间剪纸、特色饮食、秧歌社火、布艺制作等非物质文化项目融入其中，形成了新的、具有党家村特色的民俗项目。

核心项目 依托非物质文化遗产传承人及骨干成员，在推广介绍门楣、家训文化的基础上，将韩城行鼓、韩城秧歌、印花袱子、面花制作、石子馍、秋千、馄饨、羊肉胡卜、手工门帘、剪纸、布艺制作、米醋等，逐步推向了全省、全国乃至全世界，为党家村乡村旅游增添了现代气息。

宣传推介 在宣传推荐上，党家村景区立足于节日，抓住非物质文化遗产项目与节日密不可分的特点，利用春节、元宵、清明、端午、七夕、中秋等传统节日，组织和举办大型非物质文化遗产传承主题活动，邀请和组织专业人员在景区进行表演，扩大影响，传承文化；立足于展馆宣传，在景区的核心部位开设了 7 个民俗主体展馆，通过实物、多媒体、场景等方式，向游客系统展示党家村及韩城地区的非物质文化遗产项目，让游客在参观古民居建筑的同时，了解韩城的风土人情。立足于亲身体验，进行创意设计，通过媒体秀和捏馄饨、捏花馍、手工印染、背诵家训、小手工制作等互动体验项目，让游客参与其中，在参观的同时获得享受和快乐。2015 年，策划和组织了“五一”乐游党家村和“十一”大丰收欢乐季两个民俗表演专场。2016 年，党家村景区还组织了近 2000 人的演出队伍，在党家村组织排演了“天地社火”大型民俗实景演出。

特色文化

作为中国北方典型的传统村落，党家村保存完好的古建筑群、独特的设计布局、一尘不染的洁净面貌、珍贵而又丰富多彩的木、石、砖雕饰，都吸引着人们的目光。党家村人在村庄选址上尊崇风水，讲究得水为上，在建筑设计和布局上追求端庄、通透、典雅、古朴，讲求藏风聚气，追求天人合一。党家村在建筑物设置布局与装饰中，融入了人文情怀。木雕、石雕、砖雕与花墙、花窗、筒瓦以及环钉、桩石、脊兽等，表现了党家村人对生活的热爱和审美趋向。他们盼望福禄寿喜、富贵祥和，于是就以独具特色的门楣文化、照墙文化、家训文化为重点，把这种价值取向与精神追求放大，并在具体生活中认真践行。形成了党家村崇文重教、仁义礼信的村风。

党家村人忠厚仁义、崇文重教、家风刚正，他们把传统文化融入四合院建筑和建筑装饰之中，形成了独具特色的地域文化。“青砖上的家训”是其中最靓丽也最具匠心的一笔。

◉ 建筑文化

选址理念

党家村在村落选址和布局上以地形地貌为依托，体现了尊重自然，顺应自然，保护自然，合理利用自然的原则，全面继承了天、地、人和谐统一的传统文化精髓。

一般来说，村庄都选在山脉转折或两山夹峙、清流左环右绕之处。我国地形西高东低，河流一般都是自西向东的流向，故村庄多选在河流东南或东、南方位，又以东南方位（即巽位）为主。党家村位于山川拐弯处，正好处在山谷的巽位。党家村从党恕轩建村，到其孙党真时村庄成型，大约经历了七八十年的时间。党恕轩把家选址在泌水河谷附近，本身就是对自己逃荒生活最质朴的实践性总结。党真在村庄选址和建设时，将祖父期望家庭美好的朴素愿望融入其中，用传统文化做载体，对村庄进行了重新选址和布局。党家村北依高塬，南近泌水，呈凹状地貌，是典型的负阴抱阳选址。这种地形不仅让村庄的布局更加紧凑，而且充分体现了天人合一的思想，让村庄背风向阳，土壤肥沃、取水方便，立于台地、无水涝之忧。

“避尘珠” 党家村古村落“瓦屋千宇，不染尘埃”。村人形象地说这是因为村子东南的文星阁里藏着一颗“避尘珠”。其实这与村庄背山面水的选址和周围环境有直接关系。村庄背靠高塬，处在葫芦谷地中，西北风刮来时，山谷可减缓风势，一般情况下，灰尘在进入村庄前就降落了；风大时，尘埃则随风越过村落，降落在泌水河谷中。村庄南临泌水河，气候湿润，植被较好，地面裸露面积少，因而空气清新，不扬灰尘。村庄及周围土壤多为红胶泥土壤，这种土壤黏结性强，不易生长杂草及菌类植物，没有浮土，不易起灰尘。同时，受黄河河谷影响，风速较高，飘尘不易降落，因此村落空气清新，街巷及屋宇少有积尘，故而村庄的房顶不长青苔。

洁净如初 无论何时走进党家村，整个村庄总是洁净如初，像是刚刚打扫过一样。起初许多人对这个情况很不理解，经过建筑专家多次实地考察研究，谜底终于被揭开。原因其实很简单，党家村所有的巷道，全部用条石或卵石墁铺，而且有意识地做成了

中间低两侧高的巷道

两边高、中间略低的水道式样。这样的设计大有玄机，它使巷道具有了水道功能，连缀起来就成了一个别具特色的排水系统。每到下雨的时候，雨水从各家各院流入巷道，再由西北向东南缓缓流入泌水河，等于是对巷道进行了一次彻底的清扫，它们就像是天然的“保洁员”，保证了村巷的清洁。

闻铃即雨 高耸入云的文星阁是党家村的标志性建筑，只要悬挂在阁檐飞角的铁铃连续两天叮当作响，天准会下雨，这其实还是与党家村负阴抱阳的选址有关。党家村处在季风气候区，通常南风一到就会下雨。党家村三面环塬，一面环水，环水的这一面正好充当了风口，偏南风顺着泌水河谷进入党家村，风一进来，塔铃自然就会响。而冬季的西北风面对的是塬，只能从村庄上空刮过，根本就不可能吹响塔铃。

村庄布局

党家村古村落有村有寨，寨子建在东北方向的塬上，村子建在台地上。村和寨分列东西，一上一下，高度相差 35 ~ 40 米。村子位置靠下，其状东阔西仄，由空中俯瞰，犹如漂浮在泌水河中的一只大葫芦。葫芦是中国传统文化中的吉祥之物，党家村如此选址布局，寓意着主人希冀吉祥安康的美好愿望。

党家村古村落有两条主巷道，23 条小巷道。其中东西走向的是大巷，也是主巷道。主巷又分主次，上巷宽大，是中心巷；下巷与上巷平行，略窄，为副巷。上下两巷相间 50 米，将村子分割成台阶样的三级结构。南部临河，为一级；北部最高，为三级；两巷中间是二级。南北走向的小巷或三或五，将上、下巷切割成若干块，形成了许多丁字巷。

大巷笔直宽阔，丁字小巷弯曲幽深，四合院鳞次栉比，分列在巷道两旁。

在党家村中看不到南北对冲的十字巷，连接 123 座四合院的是长短不一、宽窄相济的丁字巷。党家村的巷道也不宽阔，即便是最宽的上巷，也不过 4 米宽。小巷道不论长短，没有一条是笔直的。这种布局，体现了一种不对称美。

党家村下村有稍门、看家楼，上寨有城墙、火炮等，村寨以暗道相通，封闭性、安全性极好。村庄有 123 座古民居四合院，有塔、庙院、祠堂、私塾、戏台、古井、贞节牌坊等 18 处公共建筑，村落功能齐全，具有历史的沧桑感和厚重感。

树木布局 党家村人喜欢栽树。“前槐树，后榆树，院子中间栽枣树。”这是在党家村流传了几百年的俗语。“前槐树”意即家户门前要栽植槐树，“槐”由“木”和“鬼”组成，因为有“鬼”，希望出门做事的人多长心眼，不要上当受骗；“后榆树”意即院后要栽植榆树，榆木长得非常结实，寓意做人做事要实在；枣树果实繁密、甘甜，“院子中间栽枣树”寓意多子多福，生活美满。同时，门前有棵高大的槐树，村民们茶余饭后也有了去处。清咸丰年间（1851—1861），党家村在修建泌阳堡时，砍伐了村里的树木，用漫天网将村子罩起来。从那以后，党家村人就不再在村庄栽植树木，所以今天的党家村很少有大树。

院落布局 党家村四合院以厅房为主，门房为宾；厅房高大，门房的门楼高大，取“贵主配贤宾”和补东南“地缺”之意。屋顶从照墙上边开始，分为三脊，且一脊比一脊高，寓意连升三级。下雨时檐水通过门道下的水眼流到巷道，叫一渠水，寓意家庭团结。建造房屋时，屋脊不能高出邻居家的。

大门位置 党家村四合院大门的安放很讲究，标准四合院是坐北朝南的，大门位置在东南角。大门开在门房正中的，称为“中票门”（中门）。此外，各四合院的大门不互相对着开，必须错开。四合院的大门不能对着直冲而来的大路和巷道。大门前也不能是一望无际的田野，如果大门外比较空旷，会在门前建造照壁，安置石狮子。

东南方位的文星阁 文星阁是典型的风水塔。《道德经》云：“天之道，损有余而补不足。”又云：“万物负阴而抱阳，冲气以为和。”文星阁充分体现了这种理念。其位于村东南，面朝西北、正对村子，目的是补东南地缺。面向村子的三面都开有窗户，其他三面则不开窗户，为的是聚西北之气，防止阴阳之气外泄。

泰山石敢当 党家村丁字巷很多，巷口对面的墙壁下方都嵌有一块长 40 ~ 60 厘米，宽 10 ~ 20 厘米，刻有“泰山石敢当”几个字的小青石条。“石敢当”语出西汉史游的《急就章》：“师猛虎，石敢当，所不侵，龙未央。”意思是说，灵石像猛虎一样，可以抵挡一切。

建筑特色 党家村民居建筑体现了中国北方民居建筑典型的美学思想，有古朴、恢宏、壮美之感，具体说就是方正、对称和高大。比如主巷道作为村庄统领，端正而宽阔；四合院及其他建筑都讲究方方正正；四合院房屋、门墩、兽脊、家规家训的雕刻等都讲究对称；公共大建筑的方正、对称不仅表现在自身形体上，而且讲究位置上的对称、居中。所谓居中，指的是地理位置上的居中，整体布局上的居中，风水概念上的居中。所有建筑一般不建在遮掩和隐蔽处，讲究的是高大、流畅、气宇轩昂。

建筑色调 受秦、汉、唐遗风影响，党家村古民居建筑具有典型的地域文化特征。比如民居装饰的主色调一般是黑色、蓝色，木质结构，保持青砖灰瓦的本色，不用黄色和红色；装饰画面一般是瑞兽和传统国画。

蕴含文化 党家村民居建筑在浓缩了古代建筑智慧的同时，把人生理想、道德标准、行为规范等文化内涵与审美追求一起融于建筑之中，因而就有了深厚、鲜明的地域文化特色。比如融于建筑中的家规家训、门楣文化、祭祀文化等都具有吉祥喜庆的特征。

追求上乘 党家村古民居建筑大多建于明清时期，也是党家村旅外商业的鼎盛时期，因此，古民居建筑在设计、施工、装饰等方面都追求上乘，建筑质量达到了空前水平。

装饰艺术

党家村古民居的雕刻艺术在建筑装饰中大放异彩，据统计，村庄建筑中的雕刻装饰多达 3 类 40 余种，大到房屋构架，小到门窗家具，甚至门柱、门簪、炕沿等，都雕刻上各种各样有象征意义的花卉图案，既美观又实用。

木雕 党家村木雕艺术兼容了中国南北两种不同的木雕风格，在讲究实用的同时，还注重雕刻的技巧性。木雕可分为主力架雕饰和辅力架雕饰两种。主力架是指在建筑中起支撑作用的承重构件，主要是建房所用的支撑木，有梁、柱、檩、椽及与之相关的驼峰、插枋、花牙子等。雕刻时大多采用高、低浮雕或主体雕塑，多以花草，牡丹云纹、卍字纹、蔓草纹装饰。辅力架雕饰是相对主力架而言的，主要指用来装饰的木雕，有走马门楼和厅房、门房、厢房的外廊栏板、门头、墙柜、屏风等，多以云纹、花草虫鱼等图案来装饰。在党家村所有木雕装饰中，以富丽堂皇的走马门楼成就最高。

门楼上的垂花雕饰

垂花门楼

木窗

木雕门簪

雕花门扇

房梁上的木雕

石雕 党家村古民居建筑中石雕众多，主要有圆雕、浮雕和嵌石三种表现形式。四合院走马门楼前的拴马桩和石狮子都属于圆雕。浮雕与嵌石多用在上马石、门墩石、石敢当、柱基石上。这些石雕大多属装饰组件，起烘托气氛作用。如四合院门前的拴马石柱，大多雕刻一只调皮的猴子，也有的雕刻牧马人；走马门楼前，大多有一对威风凛凛的石雕狮子等。与其他雕饰材料比，石雕的立体感最强，它们在党家村四合院中随处可见，看似不经意，实则匠心独具，花费了不少心思。

鼓形石雕

石雕廊柱石（一）

石雕廊柱石（二）

石雕廊柱石（三）

砖雕 砖雕包括圆雕、浮雕、透雕等几种形式。圆雕多用于屋顶的脊兽；浮雕与砖雕多被运用到脊首、影壁、画壁、题碑刻字、照墙、神龛、门楣题字之中。砖雕有阴刻、浅浮雕、深浮雕、圆雕、镂雕、减地平雕几种。檐雕线脚圆浑，层次丰富，照墙等砖雕变化多样。党家村最精美的砖雕艺术当属节孝碑。

砖雕照墙

砖雕筒瓦

◉ 传统文化

崇文重教 党家村人非常重视文化教育，注重提升村庄的文化内涵，村中建有文星阁，将孔子等大儒与文曲星一同祭拜。他们对写有字的纸张也很敬重，村中建有多处惜字炉，专门用来集中焚化废纸片。废纸片不可以用来裱糊或做包装材料，也不得随意丢弃，要全部送进惜字炉焚化。就是偶尔在巷道中发现了碎纸片，也要捡拾起来送入惜字炉中。考中进士的人，门前要立旗杆斗子以示荣耀，对功名较大的人不仅要给他们立祠，祖祠里还要给他们挂牌匾。至于家训，则随处可见，它们被雕刻在墙壁上、柱子上，时时刻刻警醒着家人。

党家村人崇尚文化，重视文化教育，他们兴建学堂，聘请有名望的老师来村中教育学生，注意从小培养子弟们的读书热情，帮助他们树立正确的价值取向。明永乐十二年（1414），高祖党恕轩的长孙党真中举。清乾隆年间（1736—1795），村中有了第一所私塾。到了清末，不足百户人家的党家村就有私塾 13 所。这些私塾不惜重金聘请名师执教，培养了不少人才。明清时期，几乎半数人家出过有功名的人。韩城著名的教育先行者贾乐天就出自党家村。贾乐天是党家村历史上最后一位举人，他思想先进，创立了韩城第一所新式学堂，并亲任堂长，为韩城的教育事业做出了卓越贡献。贾乐天的孙子贾幼慧是村中第一个考上清华大学的人。

抗日战争时期，党家村有三所学堂。1949 年之前，党家村共培养大学生及各类军校毕业生近 30 人。在这种浓厚氛围中成长起来的年轻人，自然都是以“家事、国事、天下事”为重的热血青年。抗战期间，仅千余人口的党家村就有 60 多位青壮年奔赴抗日前线，有 16 人血洒疆场。1949 ～ 1966 年 17 年间，党家村有大中专毕业生 40 余人。1954 年，党治国以陕西省高考第一名的成绩考入清华大学。恢复高考后，只有 1000 多人的党家村，累计考入大学的就有 120 人。

即便是司空见惯的普通习俗，党家村人也愿意揉进崇文重教的思想，渗进文化因素。比如每年的农历七月初七，或是孩子满月，家家都要蒸一种形如砚台，上面放有面粉做的“笔、墨、纸、砚、书”等读书用具的“砚台馍”给孩子吃，把读书的思想从小传播给孩子。

2000—2017 年部分年份党家村大中专新生统计表

表 6

年份	2000	2005	2010	2015	2016	2017
大学本科（人）	8	6	7	6	8	4
大学专科（人）	6	5	5	5	7	3

热心教育的贾廷举（左）、贾乐天（中）、贾廷献（右）

1930 年党家村几所学堂部分教职员合影

刚正家风 党家村自建村以来就非常重视家风的建设和传承，党家三世祖党真在《党族家谱》序言中说："百行之原莫先于孝，而尽孝之道莫贵于追远。"在党家村，家家户户砖墙上都刻有家训，村中建有关帝庙，社火表演中的主要人物造型是杨家将、岳飞等民族英雄的形象，把刚正家风的内容延伸到了生活的各个方面。多少代以来，党家村人始终恪守着自己的优良家风，即使在商业鼎盛时期，他们仍然过着节俭的生活。党家村人爱家乡，更爱祖国。在国难当头的抗日战争时期，百户人家的党家村就有 60 多人奔赴抗日前线，与日本侵略者浴血鏖战，这其中，党子慧、党万胜是父子，贾自温、贾幼慧是叔侄，还有九个家庭出现了兄弟一起上战场打鬼子的动人情景，如党康宏、党忠儿兄弟，贾自温、贾自让兄弟等。他们把自己的命运和国家的安危紧紧联系在一起，舍小家，为大家，其中 16 人血染沙场，为国捐躯。至今，坐落在卢沟桥的中国人民抗日战争博物馆里，还有贾自温、贾幼慧叔侄二人英勇事迹的介绍。在 20 世纪 40 年代初的党家村小学教室内，悬挂的都是投笔从戎、代父从军之类的人物画像。

忠厚仁义 党家村人心存仁义，淳朴善良，有扶危济困、诚实守信、热心公益事业的传统美德。明代党家村人党孟辚一生积仁行义，乐善好施，被乡亲们称为"义翁"。1929 年大饥荒时，党家村人在村口搭棚舍饭，在韩城地区被传为佳话。企业家党宗贤尊亲敬老，2014 年重阳节，他不仅请来剧团给村里老人演戏，让老人们欢度节日，还给 60 岁以上老人每人发放慰问金 300 元。相里青兰和丈夫原是部队的军医，退休后回到村里，共同为村内及周边村民的健康服务。她在村里生活了几十年，接生了 300 多个婴儿。她丈夫排行老十，加之辈分又高，所以村里人就亲切地称相里青兰为"十婆"。 十婆为人厚道，乐善好施，不论忙闲，随叫随到，从不误时。十婆 90 多岁时去世，村民们哭成一片，远在他乡的人都回来为她送葬。

1982 年 8 月的一天，党建国烈士的夫人、女儿及兰州军区的几名干部来到时任党家村党支部书记的贾幼直家中，商议将党建国烈士坟茔迁到韩城烈士陵园一事。事情办完后，党建国烈士的夫人忧心忡忡，担心自己走后远隔千里，无人祭扫坟茔。贾幼直老人说："以后每年清明节我会给他上坟扫墓的，请放心吧。"受人之托，忠人之事，26 年来，贾幼直一直坚守着自己的承诺，到韩城烈士陵园为党建国扫墓，并把每年扫墓的照片寄给党建国夫人。2008 年，70 多岁的贾幼直实在走不动了，于是他写信给党建国的家人，希望他们能够理解他的无能为力，并向他们介绍了政府对陵园的管理情况，请他们放心。

党家村人的淳朴善良事迹还有很多。比如：2007 年，拾游客重金后千方百计联系失主的党宗信；2011 年，夜送迷途老人的张茂林；为支付拖欠的几十元工钱，从 1988 年开始苦苦寻找外地民工，终于在 2014 年找到他们，并拿出 500 元相送，了结了几十年心愿的党载重、党治忠老人等。这些都从不同方面反映了党家村人的传统美德。

◉ 家训文化

魅力家训 党家村古村落家家户户都有家训，这些家训以砖雕形式刻写于正对大门的照墙、厅房两侧的歇墙，书法考究，蕴含哲理，雕工精美，是党家村特色文化的又一亮点。

党家村家训形成于明清时期，既是祖上留给后人的经验之谈，又是祖辈对后代人的要求、希望与寄托，反映的是主人的生活品位与精神追求。具体讲有两个特点：一是修身，主题明确，具有很强的教育意义。二是语言通俗实在，很少使用典故，能很好地反映主人的思想。

党家村家训以名言警句形式出现，雕刻的位置十分讲究：雕刻在门厅照墙上，进门给人以警示，时时给人以提醒；雕刻于供奉祖宗牌位的厅房歇墙上，表示它是家族精神和最高准则，必须代代传承，严格遵守。党家村家训通俗易懂，稍通文墨的妇孺老少都能理解和接受，从而使家庭成员在耳濡目染、潜移默化中接受良好的家风熏陶。

党家村家训集书法、雕刻、建筑艺术为一体，兼具实用性和艺术性。家训的内容除体现主人的思想意志和情趣外，还是一幅幅优美的书法作品。其字迹以楷书或者行楷为主，笔力矫健，透出端庄、温和、典雅、从容的气质。其中有一户人家四合院的山墙上刻有“山高水长”四个字，这条家训不仅字数少，而且不以说教自居，寥寥数语就将主人豁达的胸怀、高远的境界勾勒了出来。

传承家风 家训的精神实质在于教化育人，通过时时提醒，处处警示，教会家庭成员为人处世的道理，让家庭成员在日常生活中耳濡目染，接受教化，修养身心。教化有方，则家风端正。党家村家训从修身、处世、兴教、耕读、诚信、清廉、治家、报国等方面为自己和后代子孙立下严格的规矩，警诫自己，教育后人，传承着中华民族优秀的传统文化，体现了积极向上的价值取向。2016 年 2 月，中国共产党中央纪律检查委员会（简称中纪委）网站推出“中国传统中的家规”第 33 期：《陕西韩城党家村：刻于砖铭于心的家训》，系统介绍了党家村的 26 则家训。

报道说：党家村位于陕西省韩城市西庄镇，是国内保存最好的明清建筑村寨之一，被誉为“东方人类古代传统民居村寨的活化石”、中国“民居瑰宝”。党家村的家训形式非常独特，它集书法、雕刻、建筑为一体，和家谱、书信、著作类家训很不相同，这种家训具有独特的魅力。

家训选录 党家村保留较为完整的家训有 26 则，现摘录其中 15 条家训并附释义。

无益之书勿读，无益之话勿说；无益之事勿为，无益之人勿亲。

【释义】对修身养性没有好处的书不要读，影响和睦的话语不要说；影响自身形象的事不要做，不要亲近品行不端的人。

家训（一）

读圣贤书，立修齐志。

【释义】读圣贤们的著作，树立修身齐家大志。

古今来多少世家，无非积福。天地间第一人品，还是读书。

【释义】古今名门世家，无一不是积德成福的；天地之间的最高修养与品行无非就是读书。

思孝安家国，读书教子孙。

【释义】心想孝道、履行孝道，才能使家庭安宁、国家稳定。这还不够，还要读好圣贤书，用诗书礼仪教育好子孙。

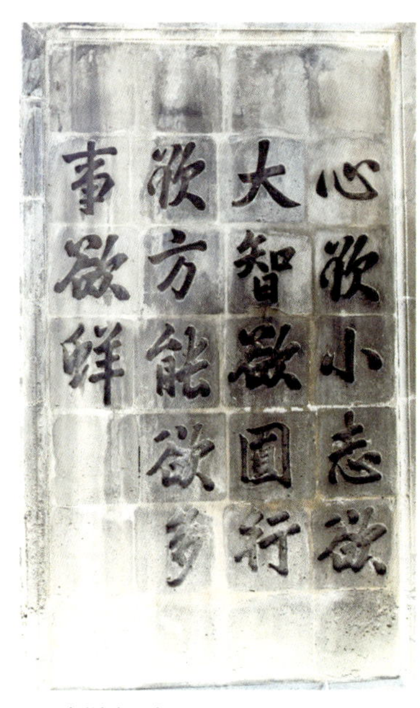

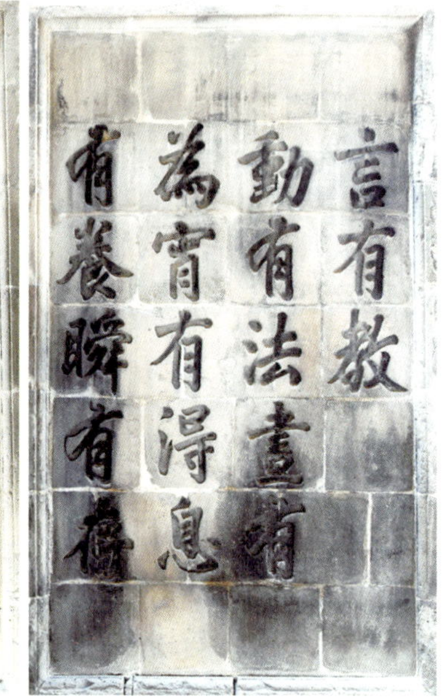

家训（二）

要门庭显，必须积德；求子孙贤，还是读书。

【释义】要想光宗耀祖，门庭显赫，就必须积德；要想让子孙贤良，就要让他们多读诗书。

言有教，动有法，昼有为，宵有得，息有养，瞬有存；心欲小，志欲大，智欲圆，行欲方，能欲多，事欲鲜。

【释义】说话要有教养、有分寸，行为举止要有约束、有规矩。白天要珍惜光阴，努力做事，晚上要反思，有体会。闲暇时间要多思考，瞬间的灵感闪现要快速记存。做事要谨慎，志向要远大。智谋要圆通灵活，行为举止要方正。才能要广泛多样，而处事要简约。

傲不可长，欲不可纵，志不可满，乐不可极；动莫若敬，居莫若俭，德莫若让，事莫若咨。

【释义】傲气不可滋长，欲望不可放纵，心志不可傲满，享乐不可无度。动手做一件事情，先要怀着敬畏的心理，居家过日子最好是节俭。品德重在谦让，办事先宜征求各方意见。

家训（三）

薄味养气，去怒养性。处抑养生，守清养道。

【释义】粗茶淡饭能陶冶人的正气，控制暴躁能培养人的情操；身处困境能磨炼人的品德，坚守清廉能守住做人的道义。

贫穷宜固守，富贵莫兴狂；勤俭立身本，谦和处世方。

【释义】身处贫穷之时要固守根本，兴旺发达时不要放纵猖狂；勤俭是做人的根本，谦和是处世的良方。

守祖宗一脉真传曰勤曰俭，教子孙两条正路惟读惟耕。

【释义】祖宗留下的家规就是勤、俭二字，我们一定要践行；教育子孙的两条正路就是耕、读两条，我们一定要牢记。

创业维艰，祖父备尝辛苦；守成非易，子孙宜戒奢华。

【释义】祖先创业时十分辛苦，上辈人受尽了艰难；守业是非常不易的，子孙应戒

家训（四）

除奢华。

行事要谨慎，谦恭节俭择交友；存心要公平，孝弟忠厚择邻居。

【释义】做事要三思而后行，态度要谦恭，生活要节俭，交友要慎重；做人要心存道义，对长辈敬重，对兄弟友爱，为人厚道，择邻而居。

居家有道惟能忍，处世无奇但率真。

【释义】居家生活要能忍让；在外交往做事要坦率、真诚。

在少壮之时，要知老年人的心酸；当旁观之境，要知局内人的景况；处富贵之地，要知贫贱人的苦恼；居安乐之场，要知患难人的痛痒。

【释义】青年壮年的时候，要体会到老年人的心酸；身处局外的时候，要洞察局内人的艰难；身处富贵之时，要体会到贫弱者的苦恼；身处安乐之时，要

家训（五）

家训（六）

知晓患难者的痛楚。

居仁为本务，由义乃长康。

【释义】宽厚仁慈是做人的根本；遵循大义就会兴旺昌盛。

存忠孝心，行仁义事。

【释义】心中存忠孝，做事要仁人。

富时不俭贫时悔，见时不学用时悔；醉后失言醒时悔，健不保养病时悔。

【释义】生活富裕时不知节俭，到了贫穷时就会后悔；遇到机会不去学习，到需要用时就会后悔；酒醉后说了不该说的话，酒醒时一定会后悔；健康时不在意身体，患病时就会后悔。

◉ 商业文化

经商风格 中国商帮文化中有“徽骆驼、晋算盘、陕棒槌”的说法。陕商勤快、坚韧、善良，但又散漫，讲仁义多，讲制度少。党家村商人骨子内有根深蒂固的陕西籍商人观念，出门在外以陕商自居，做人做事有秦人的侠义风骨，商业行为具有陕商的特点。比如：思维敏捷，意识超前，善于寻找和把握商机，经营灵活多变。但同时，因韩城地处山西、陕西两省交界处，自古就是秦晋民间商业交流的重要地点，两地商人多有往来。在长期而频繁的商业交往中，受晋商影响，明显带有精打细算、作风严谨的晋商风格。

党家村商业文化是晋商和陕商文化的交汇融合，表现为信义为本，敢闯敢拼，恪守原则而又思想开放，精打细算而又充满豪气，既讲究利益又讲究地位。清康熙末年，为争夺瓦店镇行业老大位置，党德佩、党景平父子与山西籍王姓商人展开竞争，在官府的裁判下，两家开始在瓦店镇城墙上向白河中掷银子，最后王家心疼银子认输，恒兴桂商号就此做了瓦店木材行业的老大，垄断了瓦店镇的木材市场。

经营理念　党家村商人以信义为本，以人格闯天下。党德佩的商业发迹看似偶然，实质上无不与信义有关。在瓦店镇的广东籍木材商人因回家奔丧，把未脱手的木材交由党德佩代售，广东商人一去三年不返，党德佩把木材生意做得风生水起。广东商人回来后，党德佩翻开账本，将生意逐笔交代，广东商人十分感动。从此，党德佩的名字便成了一个响当当的金字招牌。

经过清朝初年一段休养生息后，河南农民生活渐渐有了结余，但当时赊旗镇一带社会治安差，人们都把余钱存往有信用的商号，他们不但不要利息，反而愿意缴纳保管费。党家村留存的一份清咸丰元年（1851）的存单记载：在短短两三个月时间内，就有近百名富户在党德佩的商号存过钱，涉及瓦店附近二三十个村庄，金额达几千两银子。党德佩不但从中赚取了保管费，而且用这笔钱扩大了生意。

成功秘诀　从党家村人的经商活动中大致可以梳理出三个鲜明特点。一是眼光独到。他们经营的主要是关系国计民生的木材、药材、粮食等。尤其是木材，是和今天的水泥、钢材一样的必需品，在明末清初乃至康乾盛世，都有很大的市场。二是善于把握机会。无论是党德佩、贾翼堂，还是党玉书，无论是明末乱世，还是在太平天国运动期间，都抓住了瞬息万变的商机。三是富于创新精神。党德佩吸纳村民入股，实现了商业股份化管理；贾翼堂、党玉书分出东家、西家，把智力作为资本进行股份制运营；为了各商号之间财务结算方便，党玉书发明的一种叫“帖子”的“承兑汇票”，具备了现代金融的一些特点；各商号不断分出新号，不断吸纳社会闲散资本、不断进行扩张经营等，都说明开拓创新是党家村商业发展的不竭动力。但同时，他们又具有保守的一面，自始至终没有突破家族企业的模式。

贾翼堂、党玉书发行的帖子　　　　郭枫义　摄

贾祖祠展室　　　　郭枫义　摄

旅游开发

作为中国历史文化名村，党家村在旅游线路设计、旅游服务和对外宣传上，都有独到之处。旅游线路设计上，党家村既突出自身特点，主打黄河风情旅游、民俗风情旅游等旅游品牌，又考虑联动效应，主动与周边县市融合。旅游服务上，突出生态、绿色、环保、周到，充分体现游客至上原则。旅游宣传上既注重网络宣传，又重视利用真人秀节目、电视纪录片和微信平台等新媒体开展宣传。

党家村的旅游开发贯穿了衣食住行和游客参与等方面内容，涵盖了民俗、人物、书画、家训等，全方位、多角度体现了绿色旅游、生态旅游和智慧旅游。

◉ 旅游线路

线路设计

党家村景区位于韩城市东北方向，距离韩城市区 9.2 千米，是韩城市黄河风情旅游观光带的重要组成部分。在党家村，可以亲身感受中国北方古代传统民居的古朴典雅、精美华贵与安宁恬静，古老原始的村寨，精美的建筑艺术，美轮美奂的石雕、木雕与砖雕，以及别具一格的家训、门楣，令人沉醉。

党家村景区入口

党家村旅游路线图

周边游线路 西安—司马迁祠、国家文史公园—韩城古城—党家村—梁带村—黄河龙门两日游。

陕西省内游线路 西安—临潼—华山—合阳—韩城（党家村）四日游；西安—韩城（党家村）—壶口—延安—黄陵五日游；西安—临潼—华山—韩城（党家村），陕西东线经典线路。

山陕游线路 西安—韩城（党家村）—平遥。

西安周边游线路 黄河龙门—党家村—韩城古城—司马迁祠两日游。

交通车次

党家村景区靠近韩城火车站、西禹高速与108国道，从韩城市区到景区设有旅游专线，景区内配备电动汽车，无论是乘坐火车、汽车，还是自驾游都非常方便。

北京—韩城 K609次列车可由北京火车站直达韩城，出韩城火车站向南步行约3分钟，到达乔南路公交站牌，乘坐101路公交车到达客运站，然后换乘旅游公交。

西安—韩城 从西安火车站乘坐 K8240、K8164、7001、K8244、K8242、2096 次列车可直达韩城，出韩城火车站向南步行约 3 分钟，到乔南路公交站牌下乘坐 101 路公交车到达客运站，然后换乘旅游公交。汽车从西安纺织城城东客运站乘坐大巴车，到韩城客运站下车。自驾车走西禹高速，出韩城出口，沿 108 国道向北行驶约 10 千米，抵达党家村景区。

渭南—韩城 由渭南中心客运站乘坐大巴车辆，到韩城汽车站下车，向南步行约 2 分钟，到达乔南路公交站换乘 101 路公交车到达客运站，然后换乘旅游公交。自驾游走京昆高速，出韩城出口，沿 108 国道行驶可抵达党家村景区。

运城—韩城 从运城上运风高速，走河津方向，进入右芮高速，走韩城方向，沿京昆高速，到韩城出口下高速。下高速后沿 108 国道行驶，由党家村路口向东，抵达党家村景区。

◉ 主要景点

党家村景区的主要景点有：四合院民居、节孝碑、党家村中日友好广场、翰林故居、党族祖祠、贾祖祠、各类民俗展馆、贾家分银院、党家分银院、家训展馆、福字墙、看家楼、走廊院、元代古井、双旗杆院、书画院、文星阁、泌阳堡、双神庙、涝池等。

民俗类展馆 民俗类展馆包括花馍展馆和婚俗展馆两个，集中展示了韩城独特的风土民情和蒸食文化。

花馍展馆位于贾祖祠西北方向的一个四合院中，设有 3 个展室，集中展示的是韩城的民俗风情和党家村村民制作的各种面食。面食以花馍为主，有喜庆花馍、丧葬花馍、交往花馍、节日花馍等，几乎涵盖了党家村人生活的方方面面。西厢房展室中展示了 6 组喜庆花馍，包括富有地方特色的蒸食角子馍、圈圈子馍、串串子馍、岁猫馍、老虎馄饨、鱼馄饨等。东厢房展示了九组祭祀花馍，包括独食子馍、枣糕子馍、簸箕馍、五果馍、油花子馍、献爷馍、寿桃等。上房陈列有韩城民俗、节庆方面的介绍版面，对韩城民俗进行集中介绍和展示。

婚俗展馆位于贾祖祠东南方向的一个四合院中，也设有 3 个展室，集中展示的是当地婚庆方面的习俗和用品。有八仙桌、太师椅及剔红木盘、木质大漆盘等展品。墙上挂

党家村旅游景点示意图

有喜庆婚宴、馄饨、纳采、问名、纳吉、纳征、请期、亲迎、小登科、花馍、韩城十三花的介绍版面。北厢房第一间展示韩城婚俗花馍，第二间为婚房，展示婚床、五斗橱、柜子、脸盆架等物品。南厢房第一间展示结婚时的龙袍凤冠，第二间展示有长柄铜熨斗、绿釉灯盏、斗彩太平盘、六角锡酒壶等日常用品。

历史人物展馆 包括党家历史人物展馆和贾家历史人物展馆两个。

党家历史人物展馆位于党族祖祠西厢房，展示有党家村建村以来党族主要人物党真、党玉书、党蒙、党德润、党忠实、党建国、党俊鸿、党海滨、党治国等人的画像、生平简介和主要成就。展馆内还陈列有木工墨斗、商号印模子、针线包、火镰等当年的日常用品。

贾家历史人物展馆位于贾祖祠南厢房，展示党家村建村以来贾族主要人物贾翼堂、贾乐天、贾自温、贾幼惠、贾守箴、贾幼明、贾幼笃等人的画像、生平简介和主要成就。展馆内还陈列有温手铜炉、煤油灯、香薰炉、印章、石头镜等当年的日常用品。

家训展馆 设在照墙为“封侯挂印”的四合院中，大门两旁是一副对联：“居家有道惟能忍，处事无奇但率真。”家训展室在院子的厅房，里面集中了党家村各家户的门庭家训，既有装裱好的拓片，又有石刻。家训展馆犹如一面镜子，从另一个侧面反映了党家村人的生活面貌。

书画院 位于下巷东南方向。这家的大门是直接开在墙上的，叫“墙面门楼”，里边还有第二道门，没有设计苫屏门。第一道门楣是“诗书第”，第二道门楣是“奠厥居”。进两道门，须拐三道弯，取的是“进门三道弯，不请则自安”之意。两边是六间厢房，上房内展示有对联、牌匾、书画等 20 余幅，还有八仙桌、太师椅、绣床等古董。正面墙上是一副牌匾，上书“令德寿岂”。牌匾下有一副对联，上联为“字挟烟云笔沾雨露”，下联为“品如兰惠望重圭璋”。

◉ 酒店民宿

总体情况 党家村景区设有专门的餐饮服务区，并依托古民居建筑建有 24 家农家乐，集餐饮、住宿、旅游于一体。游客可以在特色客栈就餐、住宿，也可以选择到附近的韩城市区住宿。

民俗客栈 党家村的民俗特色客栈以古色古香的四合院为基调，大多是主人家生活起居的场所，住在民宿客栈，可以近距离体会、融入党家村人的生活，感受地方特色文化。

特色农家乐 党家村的特色农家乐共有 24 家，其中有 4 家集特色客栈与农家乐为一体，其余 20 家为农家乐。农家乐主要供应手工面、凉皮、馄饨、饸饹等富有地方风味的农家小吃。

充满地方特色的农家乐

2016 年党家村特色农家乐统计表

表 7

商户名称	经营范围	经营地点
贾家手工面	农家乐	商业街
党家手工面	农家乐	商业街
土特产	农家乐	商业街
白面饸饹	农家乐	商业街
钢丝面饸饹	农家乐	商业街
继斌农家乐	农家乐	商业街
羊肉饸饹	农家乐	商业街
韩塬馄饨	农家乐	商业街
龙门酒家	农家乐	商业街
党家饭店	农家乐	下村
一分利家常饭	农家乐	下村
地方小吃	农家乐	下村

续表 7

商户名称	经营范围	经营地点
健康农家乐	小卖部、农家乐	下村
晋源小院	农家乐	下村
走 廊 院	小卖部、农家乐	下村
泌纳盧	农家乐	下村
超超农家乐	农家乐	下村
星之韵餐馆	农家乐	下村
书画院农家乐	农家乐	下村
福字墙农家乐	小吃精品	下村
凤凤农家乐	小 吃	下村
美佳餐饮	农家乐	上寨
佳家旺	农家乐	上寨
温馨餐饮	农家乐	上寨

◉ 旅游服务

党家村景区投资 6000 万元，建设了总面积为 11.4 万平方米，以民居瑰宝广场和大型生态停车场为主体，商业街和游客服务中心为辅助的总广场。

民居瑰宝广场 建成于 2016 年 3 月，占地 9000 平方米，绿化面积 2000 平方米，配套有灯具、石雕、现代舞台等，路面采用青石铺设。民居瑰宝广场结合党家村古村面貌和民俗风情设计，与党家村古村落文化的风格保持一致。广场西侧的墙壁上，设有《党家村民居调查纪念碑记》，记载了中日两国专家两次考察党家村的经过。碑文下方，是党家村“民居瑰宝”雕塑，雕塑以古井为主题，象征了党家村党贾两姓同饮一口井水，携手相扶的兄弟之情。

生态停车场 生态停车场位于党家村景区入口处，2016 年 4 月投入使用。场内共栽种各类绿化树木 2537 株，各类灌木 12959 平方米，放置景石 9 组，种植草坪 10602 平方米，设有 778 个停车位。停车场出入口与景观大道相衔接，种植有大量遮阴树。停车位都进行了绿化处理，按区域划分，在形式上与整体设计融为一体。

商业街 商业街为仿古砖木结构，占地面积 2000 平方米，建筑面积 1340 平方米，共有商铺 20 间。其中南面 8 间，北面 12 间，可接纳 2000 余人同时就餐。商铺设计按三星级标准建设，设有便利店，包含花椒、核桃等土特产的专卖店，农家乐和餐饮店，可以提供购物服务。

游客服务中心　游客服务中心设在党家村景区办公区，建筑面积 1900 平方米，为 AAAA 级景区建设标准。服务中心有专业讲解员 10 名，配有语音导游和电脑触摸屏，可以为游客提供导游服务。有手绘脸谱、手绘风筝、捏馄饨、捏花馍、学剪纸、写家训等富有地域特色的民俗项目，以及擂鼓射箭等游乐项目，可以为游客提供体验服务。设有直通下村的电动汽车，可以为游客提供乘车服务。设有休息室，可以为游客提供茶水、休息服务。景区常设流动安保人员 30 名，负责日常巡逻，排查隐患，以及游客的指引、疏导工作。另有专业保洁团队对景区卫生、绿化带等实行定人、定区、定责、全天候流动保洁。此外还设有轮椅、拐杖、儿童车等，可供特殊人群免费使用。

◉ 对外宣传

电视宣传　联合中央电视台和其他知名电视台，拍摄专题纪录片，对党家村的文物胜迹与特色文化等进行挖掘和宣传。2016 年 4 月，凤凰卫视《文化大观园》栏目推出了介绍党家村家训的节目。2016 年 7 月，中央电视台《走遍中国》栏目在党家村拍摄取景，推出了反映韩城发展变化的节目。2016 年 8 月，江苏电视台在党家村景区拍摄了《我们战斗吧》真人秀综艺节目，萧敬腾、井柏然、王嘉尔等明星来景区参加了各种闯关活动。2017 年 1 月，中央电视台《我爱畅游》栏目专门介绍了党家村景区。2017 年 5 月，中央电视台《味道》栏目在党家村拍摄取景，推出了介绍韩城特色饮食的专题节目，在中央电视台科教频道播出。中央电视台《中国影像志》栏目在党家村拍摄了介绍四合院、门楣、家训的节目，在中央电视台综合频道播出。

网络宣传　依托韩城旅游网、韩城在线、韩城党家村网站开展网络宣传，并提供在线订票服务。同时创建了党家村景区微信平台和官方网站，提前发布旅游活动信息。

党家村景区微信平台于 2016 年 12 月建立，截至 2017 年 10 月，共发表文章 390 余篇，内容主要为景区特色、活动预告、景区介绍、景区最新动态等，微信粉丝量达到 1646 人，是了解党家村旅游开发的一个窗口。

党家村景区官方网站成立于 2016 年 5 月，网址为 www.hcdjcjq.com。设有景区概

村民贾敦礼向前来参观的小学生介绍党家村历史文化

况、最新动态、景点介绍、旅行指南、视频中心、门楣家训、图说党家、门票预订八个栏目。网站还设有三维实景漫游系统，可对党家村景区进行全方位实景介绍，有身临其境之感。

广告宣传 党家村景区拍摄有纪录片《风雨党家村》《文化大观园》《文史之乡》《韩城旅游宣传片》等与党家村有关的视频短片，通过电子显示屏滚动播放。同时在西安咸阳国际机场、西安市主要地铁口以及大型商场外墙、韩城高速路出入口等处投放固定广告、流动广告。宣传主题为“有故事的韩城，有味道的旅程”与中国“民居瑰宝”。

玉米搭建的景观　　党家村景区提供

风土民情

常言道："一方水土养一方人，一方山水有一方风情。"党家村的主要年节有小年、除夕、春节、元宵节、龙头节、清明节、端午节、乞巧节、中秋节、冬至节和腊八节。而且每个节日都有自己与众不同的风格。在日常习俗方面，党家村人重视祝寿、婚嫁、丧葬，崇文、尊祖、敬老。同时，他们和韩城其他地方一样，喜欢吃猪肉臊子馄饨、羊肉饸饹、羊肉泡馍和羊肉胡卜，在蒸食上也很有特点。

党家村的风土民情脱离不了韩城这个大背景，与韩城农村其他地方大同小异，且有日渐融合、日趋城市化的倾向。

◉ 岁时节俗

小年 腊月二十三是韩城人说的小年，这一天灶王爷要点名，外出的人都要回家。过去，学校这一天也开始放寒假，学生们说："腊月二十三，桌子椅子往回搬。腊月二十四，学生见了先生没啥事。"小年是年的开始，从这一天起要打扫房间，蒸过年馍、捏馄饨，置办年货。

相传，这一天灶王爷点完名后要上天到玉皇大帝那里去述职。为了防止灶王爷口无遮拦，把该说的和不该说的都说出去，家家户户都要祭灶王爷，用瓤面、角角子、糖瓜子、芝麻棍子糖之类的黏性食品堵灶王爷的嘴。糖瓜子、芝麻棍子糖均是麦芽糖制的甜品，易黏牙，外面沾满芝麻粒，圆形的叫糖瓜子，条形的叫芝麻棍子糖。角角子是黏米面包裹着枣泥豆沙的油炸小食品，呈三角形，韩城人叫角角子或角角馍。

灶王爷的画像一年四季被供奉在灶台后的隔墙上。祭拜时，在炉灶前摆上祭品，祈求他"上天言好事，下地降吉祥"。祭毕，将旧画像揭下来。旧画像不能随便扔，要与黄表纸一同烧掉，这叫送灶君上天。

灶王爷被送走后，在除夕这一天会返回，所以除夕又要迎接灶王爷。迎接灶王爷时要在灶王爷的神龛前敬献上献爷馍和馄饨馍等，重新贴一张新的灶王爷像。

除夕 除夕的主要习俗有贴春联、福字、年画、门神与窗花，接灶王爷，祭祖，吃饺子等。

除夕这一天由老人做饭，表示对儿女们一年四季孝敬自己的回馈。早上起来要吃拌汤，然后老人们准备午饭，子女们收拾房间，打扫卫生。中午吃饺子，饭前要贴春联，贴完春联后放鞭炮，以表示对各路神仙的欢迎。鞭炮放完后还要在门道横放一根长木棍，表示挡邪和聚财。

贴春联是有讲究的，仅从春联颜色就可看出主人家过去一年有无丧葬之事。春联纸一般为大红色；若为黄色，则说明上一年经历了丧葬之苦；若为绿色，表明逝者已经故去两个年头了；若为粉色，则表明失去亲人已满三个年头了。满三年，依照传统，守孝该结束了。于是，到第四年又用大红纸书写春联。门神有郁垒与钟馗、秦琼与尉迟敬德。其他如贴福字、年画、门神、窗花等，与韩城其他地方的风俗基本相同。所不同的是党家村人不吃年夜饭，但他们会在除夕准备好初一早上的饭菜。

据村中老人讲，除夕这一天，村民会在院子当中专门为天地爷（主管天地的神，韩城人把神叫爷）搭建一个神棚。神棚用箔子（芦苇秆制成的晾晒工具）围成半圆形，上面覆盖草席，里面放一张方桌，桌上摆放神位、香蜡、纸表和祭品。神位上书“天地三界十方万灵主宰之灵位”。另外还要准备一个接神竿子，靠立在厅房靠右的房檐处。接神竿子是一根长竹竿，顶端绑着柏树枝，上面垂一根红绳，自上而下系有核桃、枣、木炭、芝麻秆等，最下面挂一只银罐儿馍（一种蒸食）。党家村人深信，天神会顺着这个竿子降临人间。这是党家村特有的习俗。

春节 除夕晚上一进入 12 点，党家村人就开始燃放鞭炮庆祝新年。放鞭炮讲究抢先，俗称“正月初一争头炮”。从早上 5 点起，分别祭祀天神、地神、财神等各路神仙，在厅房前、大门照壁等处祭献枣麻糊馍、银罐儿馍。早上 8 点开始吃早饭，早饭是馄饨。饭前，全家男女老少都要在家长的带领下，净面、焚香、敬酒、烧纸表祭祀祖先；饭后先对家里长辈行跪拜礼，然后一家人走出家门，依照同族同支的亲疏、辈分，顺序前去拜年。拜完年，族中的男子便都聚集到各自的祠堂，参加祭祖活动。祭祀由族中最年长者或德高望重者主持。

中午时分，家家户户又要祭主、敬献菜肴。祭主的主角由家中的成年男子担任，要虔诚地跪拜，点燃黄表纸，让天地间各路神灵及过世的先祖，在香烛缭绕中各归其位。接下来是吃午饭，午饭一般是十全席。新嫁到村中的媳妇，会被乡邻们邀请到家里吃新亲饭。新出嫁的女子还会被接回娘家，过“半截子年”，傍晚时再由娘家人送回夫家。午饭后是自由活动时间，邻里们会聚在一起，共话新年。

党家村有个风俗，出嫁后的女子除了第一个年头外，再也不能在娘家过年。因与夫家发生纠纷无法返回夫家的，或者离异后常年居住娘家的都要离开娘家躲避新年。从除夕夜开始，娘家人为她们备上饭食，安排她们到村外的祠堂或无人居住的窑洞、房屋躲避，直到大年初一天黑以后才被接回娘家。

大年初二开始走亲戚，也就是向亲戚们拜年。初二拜丈人，初三拜舅舅，初四拜姑母、姨母，初五拜老师。当了公公、公婆的人不再走亲戚，他们要留在家里招待亲戚。待客早饭是馄饨，午饭是馒头和菜肴。小孩子要给压岁钱，叫“添岁”。初五过后假若还有亲戚没有走完，那就一直走到正月十五，但是正月十三除外。正月十三不但不能走亲戚，还不能出门。因为传说这一天是杨家将在金沙滩遇难的日子，党家村人为纪念杨家将，一整天待在家中。过完正月十五，年才算过完。

元宵节 正月十五是元宵节，吃了元宵表示年已经过完，因此早上起来第一件事便是敬神祭祖，燃放鞭炮，把除夕迎来的各路神仙都送走。食物上也有讲究，十四吃粽糕，十五吃元宵，十六吃凉皮、凉面等。元宵节通常会有“热闹”，所以党家村人一般从正月十四就开始张罗。

张灯结彩是元宵节的一大盛事，因而正月十五也叫灯节。这一天，家家户户都要在大门口悬挂大红灯笼，在天地爷前的灯架上摆放灯山，在各路神仙的住所以及粮囤、水缸、大门后、水眼口和院子中摆上灯和与之相应的小猫、小鱼、小狗、青蛙、麦垛等样式的花馍。村中的主要场所，如祠堂、菩萨庙、关帝庙、文星阁等，也都会挂上各式各样的灯笼。过去，党贾两族都要搞灯山会。党族祭祀玉皇大帝，搭在上巷最宽敞的地方；贾族祭祀马王爷，搭在贾家分银院以北。两家的灯山会都是塔楼式，上面摆放灯盏，下边能够行人。到了晚上，全村一片灯火辉煌，甚是好看。

龙头节 二月二是龙头节，韩城人叫咬虫或咬虫节。俗话说：“二月二，龙抬头。”这一天党家村的男子都有剃头理发的习俗。龙头节家家户户都要吃枣糕，祭祀龙王爷。枣糕是一种蒸成许多层，每层都垫有红枣的馍。早上起来先祭祀龙王，祭品就是这种枣糕。祭祀地点一般都在自己家里，负责做节的人还要到水井房祭祀。

清明节 清明节的主要活动是祭祖扫墓。韩城人把扫墓叫上坟。上年清明节至当年清明节前去世的人的坟叫新坟，要提前一周上。老坟要在清明节前一天开始上。过了清明节不但不能上坟，而且在一年中的其他时间，若没有遇到婚丧等特殊情况再也不能上坟，也不准动坟上的土。

上坟时要把家族中五服之内的男子组织起来一起上。首先要铲掉坟头上的杂草，修整好坟头，这叫圆坟。然后在坟头插上挂有纸钱的柳树枝，再拿出包有鸡蛋和大枣的大花馍祭献，同时集体跪拜烧纸钱。祭奠完毕，祭品要当场分发给在场的未成年孩子们吃，当然大人们也可以吃。

党家村人很重视清明节，从寒食节开始就不再生火，只吃冷食。男孩吃中间包有鸡蛋，上面有一枚枣的独食子馍。女孩吃中间有鸡蛋，两边是枣，将鸡蛋和大枣半包的蒸扁食。

清明节这天，党家村人还有打秋千（荡秋千）的习俗。打秋千的地方有两处，一处是厅房，把秋千架在厅房的横梁上打，这叫大秋千，适合大孩子玩。一处在门厅，把秋千绳绑在门框上，摆幅较小，这叫小秋千，适合年龄小一点的孩子玩。打小秋千时要有大人陪护，大人边推边唱歌谣。

端午节 在党家村，端午节这一天要吃甑糕（粽子），街坊邻居有互赠粽子的习惯。家家户户的大门上插艾条，用于防蚊虫和辟邪。大人们会在孩子们的耳朵、鼻孔、肛门等处涂抹上雄黄酒，以免爬虫误入。还会给小孩子缝制装有香料的香香包，用彩线系在手腕和脚腕上。端午节还是母亲看望新出嫁女儿的节日，叫送节或送端午。娘家人要给新出嫁的女儿送串串和粽子等。串串用细竹子和麦秸秆编制，上面坠满了花花绿绿用锦绸缝制的小动物。女子接到娘家人送来的串串，会送给街坊的孩子，讨个好人缘。在送给出嫁女儿的东西中，经常还有床上铺的凉席，门上挂的竹帘等。这些全部由女性完成，男人一般不参加。

乞巧节 农历七月七日也叫乞巧节，是妇女小孩们的节日。这天，妇女们会搭伙在上巷里临时搭建一个小庙，里面供奉的是身穿龙袍凤冠的巧娘娘（织女）。一般情况下，这庙要搭建两个，党族一个，贾族一个。巧娘娘前面是五六张八仙桌，桌上陈列着各种时令水果和古玩、玉器等。到了晚上，妇女们会领着孩子来到巧娘娘前，献上蒸制的文房四宝和针线筐，虔诚地跪拜、许愿，祈求巧娘娘赐给孩子一双灵巧的双手。巧娘娘前面放着一碗清水，边上放着“巧芽子”（豆芽）。孩子们乞巧完后会折一节豆芽投进清水中，豆芽投射在碗底的笔、墨、锄、耙、针、剪等形状，便是所乞到的巧技，以此判断孩子的前程。

中秋节 中秋节，党家村人中午一定要美美地吃上一顿羊肉水饺；晚上则吃月饼、瓜果。早先的月饼均是自制蒸食，里面放有花椒叶和其他佐料，圆形，状似满月，晒干后在中秋节晚上吃。后来生活富裕了，平时也吃，但不用晒干，人们叫它“懒油饼”。

冬至节 冬至是二十四节气之一。这一天，太阳直射地面的位置到达一年的最南端，几乎直射南回归线，北半球的白昼达到最短，且越往北白昼越短。自冬至起，气候逐渐变冷，党家村称之为“交九”。在党家村，冬至有吃饺子的习俗。

腊八节 在党家村，腊八节这一天要吃腊八饭。腊八饭用小米、豇豆、花生、核桃仁、板栗、红枣等熬制成粥，然后在粥里煮上面条。腊八饭色泽黑里透红，和八宝粥相似。吃时还要配上胡萝卜、豆腐和粉条炒制成的菜。吃饭前先要用腊八饭祭神祭祖。吃饭时家里人都必须在场，若是有人出远门一时回不了家，要给他们留一些，等他们回来吃。总之家庭成员都必须吃自己家的腊八饭，这是规矩。吃完后还要剩一点给家里的鸡猫狗猪吃。党家村有俗语说 :“腊八饭，鸡狗都吃遍。”

◉ 生活习俗

敬老习俗 “破老”是元朝的叫法，年满 60 岁为破老，可免除丁役。在党家村，破老者会受到族人和村人的尊敬，如随时会被请安问好，随时可以指正年轻人不合礼数的地方。遇有祭祀时，可以进入主祭位置，并对族内的各项事务提出意见和建议，还可以领受双份或多份祭品。并且只有破老的人，才有资格担任和推荐族长、门长。

祭祖习俗 每年正月初一、正月十五、清明、十月初一和除夕等重要日子，党家村人都要举行祭祖礼仪。尤其是正月初一这一天，同族男子不分大小，要集体祭拜祠堂。祭祀时，在神主位前供奉时令水果等。此外，农历十月初 要给过世的祖先送寒衣，夏至送伞，冬至送寒被。

祝寿习俗 在党家村，破老的人就可以过寿了。自 60 岁开始，每 10 年为一个大寿。寿辰这天，后辈要安排酒席招待前来贺寿的亲朋。前来参加祝寿的亲戚，要给寿星送寿盘馍、寿糕、寿桃馍等，邻里乡亲赠送鸡蛋、寿桃。儿女子孙依次礼拜、祝寿。

党族祖祠祭祀牌位

娶亲之厅房陈设

娶亲照

结婚习俗 清朝及以前，党家村人尊崇中国传统婚姻仪礼的“六礼”，即从议婚至完婚要经过纳采、问名、纳吉、纳征、请期、亲迎六个环节。礼仪烦琐，多有铺张浪费。

民国时期，大部分婚姻先由媒妁联系说合，然后相亲、订婚。礼金多为银 24 两或银圆 24 枚，称为一份礼。还有衣料数件，棉花 5 千克。结婚时，新郎着盛装，插金花，披红绸，新娘穿龙袍，戴凤冠。富有之家则有三乘五乘轿，迎亲送亲皆坐轿。这一时期，党家村也有人举行新式婚礼，男着中山装或西装，女穿旗袍，戴蒙头纱。婚礼上，证婚人读结婚证书，男女双方主婚人致祝词，来宾代表致贺词，夫妻交换饰物等。饰物多为戒指。

1949 年新中国成立后，革除旧习，婚礼大为简约。男女经介绍认识后，通过一段时间交往和恋爱后，便可以订婚。婚礼亦很俭朴，男女只要进行婚姻登记，领取结婚证书，设一两桌酒席，甚或以茶点招待近亲挚友，举行简单仪式，婚礼即完成。

20 世纪 70 年代，党家村推出了集体婚礼。由生产大队组织青年男女，利用农闲时间集中举行仪式。婚车一般是大马车，也有自行车。集体婚礼简单而隆重，具有强烈的时代特色。

20 世纪 80 年代，党家村进一步移风易俗，提倡删繁就简，婚事简办。20 世纪 80 年代末，村民婚礼由村红白理事会统一安排组织。

2012 年之后，村红白理事会对婚礼的参与范围和规模做出了详细规定。结婚一般只通知亲戚和本组村民，不通知其他组和外村村民。婚宴规模一般为六菜一汤，每席单价不超过 260 元，规模控制在 30 席之内。烟单价不能超过 10 元，酒单价不超过 50 元，不上整瓶酒，菜上完，酒席便宣告结束。

丧葬习俗 1949 年新中国成立以前，党家村丧葬习俗为棺殓土葬。1949 年新中国成立后，开始实行火葬。

1949 年之前的丧葬习俗　一般分为居丧、入殓、暖窑、送葬、期斋等。居丧也称守丧，是指尊亲死后，在家守丧，不办理外事。人死后先焚香沐浴，换穿葬衣，然后布置灵堂。本村人由孝子身着白色丧衣，到各家大门口下跪报丧事。外村亲友由临时成立的理事会派人通知。入殓用棺木。暖窑在出殡前一天晚上进行，带“三生”（米、面、鸡蛋）、馒头、香表、麦草，前往墓地为逝者清扫墓穴。送葬礼仪烦琐、隆重，孝子身穿不缝边、不钉扣子的丧衣，头戴“系头子”（用麻布、棉花等做成的孝帽），手拄麻秆棍。近亲穿白衣，头缠白布或纱布。出殡时主家要接灵，近亲晚辈要送铭旌，还要迎饭[①]。起灵时，要在灵车前焚香、奠酒，行三跪九拜大礼，到大门前停丧举行追悼仪式。送葬时，花圈、幡、香器、铭旌在前，乐队紧随其后，披麻戴孝的孝子走在最后边。期斋从逝者去世之日算起，每七天为一祭，共有七期，三、五、七为大期，要到墓地祭奠。二、四、六为小期，只在自己家中祭奠即可。另有百日祭、周年祭、寿诞祭、三年祭等。三年内，逝者的生日、祭日等都要到坟头去祭奠。

1949 年之后的丧葬习俗　新中国成立后，人民政府提倡移风易俗，积极推行火葬，土葬习俗得到遏制。1988 年，《中华人民共和国村民委员会组织法》颁布实施后，党家村成立了红白理事会，由村党支部书记兼任理事长，倡导健康文明新风，破除封建迷信，抵制不良风气。村上制订出台了《党家村红白事理事会章程》，简化丧葬礼仪，由村红白理事会对村民丧葬事活动进行统一安排。2012 年之后 ，党家村进一步落实厉行节约、反对浪费的精神，坚持节俭办事，禁止大操大办，从严控制婚丧喜庆事的规模。取消了下跪报丧、迎饭、接灵、送灵等陋习。村民操办丧事规模控制在 30 桌以内。丧宴为四菜一汤。丧礼由村“两委”会主持，只简单介绍人物生平，不搞烦琐的形式。期斋最多只做三期。还有的村民在丧葬当天便结束了期斋。

饯行习俗　党家村孩子参军、考上大学等要出远门，邻里都要送一对蒸食馄饨表示庆贺，并当面给孩子叮嘱一些注意事项，说一些祝福语。孩子走时，家里要制作石子馍、棋子豆给孩子带上以服水土。孩子走后，家里要炸油饼回馈乡亲，全村一户不落，每家馈送五张油饼。经济情况较好的人家，在孩子走前还要杀猪宰羊宴请大家，乡亲们也会适当凑份子，图个高兴。

① 迎饭：近亲晚辈做的祭祀饭菜，在送葬当日，由敬献者带到村口，丧事服务人员在乐人陪同下迎回丧者家中。

建房习俗

党家村人在建房时有一整套的仪式，这些仪式分别在建房的各个阶段举行，以求平安吉祥。

安家神 动工前主人要在院子中间祭上献爷馍和酒敬神，祈求施工安全及日后家道平安。祈祷完后起身拿起祭酒祭洒在工地的四角和中间，这叫奠酒或奠基。

上梁 土木结构的房子叫上梁，砖混结构的房子叫上楼板。上完大梁和楼板后主体工程就算完成了，需要举行仪式。一大早，主人要用蒸食和酒祭祀神仙，用馄饨祭祀祖先，张贴主题为上梁大吉的对联，然后燃放鞭炮。这一天，亲戚朋友和邻里都前去恭贺和帮忙，舅家和出嫁的女子赶到时还要燃放自带的鞭炮，张贴自带的对联，并用酒肉款待匠人和帮工，表示他们对匠人和帮工们的感谢。主人早上用馄饨招待大家，中午有酒席款待。

暖房 房屋建成后，搬家这一天，主人要在新房里放一炉火，这叫暖房，表示以后日子红红火火。这一天，主人家要吃馄饨庆贺，要祭献神灵，安放祖先牌位。

◉ 特色饮食

党家村的特色饮食与韩城其他村大同小异。

羊肉泡馍 羊肉泡馍简称羊肉泡，分为羊肉和羊头肉两种。其中羊头肉又称羊杂碎，即头肉和内脏。党家村人向来把羊肉和头肉分开吃。

煮羊肉是做羊肉泡最重要的一步，羊肉泡好吃不好吃全在于羊肉煮得好不好。制作方法是将羊肉卸成大块，用少许水煮上 5 ~ 10 分钟，将肉捞出倒掉水，这叫去腥。然后重新加水烧开，放进羊肉，先用武火煮，再用文火炖，直到羊肉熟透为止。煮羊肉时不加盐和佐料，关键是把握火候。而绵羊与山羊，黑色公山羊与母羊，一年生羊和多年生羊的煮法又各不相同。羊肉煮得好不好，全凭师傅的经验和技艺。一般来说，山羊和多年生羊用火要猛点，时间要长点；绵羊和一年生羊要用小火慢炖。黑色公山羊煮出来的肉最香，党家村人给孩子过满月请客都选用这种羊。肉煮好后要捞出来切成片，以备食用。

羊肉泡是原汁配原肉，现煮现吃。将切好的羊肉片放入碗中，再加入滚烫的原汁汤，加上熬好的花椒水，放入少许葱花和香菜即可。食用时再加入羊油煎的辣子与盐、醋，泡上晒好的干馍片或是烧饼。羊杂碎的吃法和羊肉相同，只是放羊杂碎而不放羊肉。

羊肉胡卜 党家村有俗语说："宁吃一盘胡卜，不吃酒席一桌。"羊肉胡卜有可能是元代时蒙古族人传入韩城的。它的制作工序分为烙饼、煮羊肉、煎炒三道。

党家村羊肉泡馍

烙饼用烫面，加精盐和碱水，揉匀，不能软亦不能硬。然后将面擀成一个个巴掌大小的圆饼。接下来放到鏊上烙，但不必烙熟，六七分熟即可。最后是切，要切成韭叶宽，10厘米左右长的细条状。

党家村羊肉胡卜

煮羊肉用十全大料，料与做羊肉饸饹用的差不多。肉按羊只老嫩下锅。顺序是由老及嫩，即：先放入齐口羊（老羊）的四条腿，煮半小时后，放入四六齿羊（中年羊）的四条腿和齐口羊的肋扇。半小时后，再放入对口羊（幼年羊）的四条腿和四六齿羊的肋扇。又半小时后，放入对口羊肋扇。肉全部下锅后，再煮一个半小时捞出。

炒胡卜是最后一道工序。炒时不用大锅，用炒勺。方法是，先将油烧热，下入蒜片、辣椒粉、香菜略炒。然后再下入羊肉片，稍炒片刻，即加入原汁原汤，放上盐、饼丝等。出锅前，再用辣油一浇，烹上香醋等。

韩城羊肉胡卜的特点是酸辣出头，既酸又辣。乍眼看上去，满碗都是红油，和羊肉饸饹有异曲同工之妙。胡卜还可以做成鸡肉、鸭肉、牛肉味，只没有猪肉的。还可以什么肉也不放，素吃。

党家村花馍 党家村的花馍，秉承了韩城民间饮食文化的主要特点，多用于生日祝

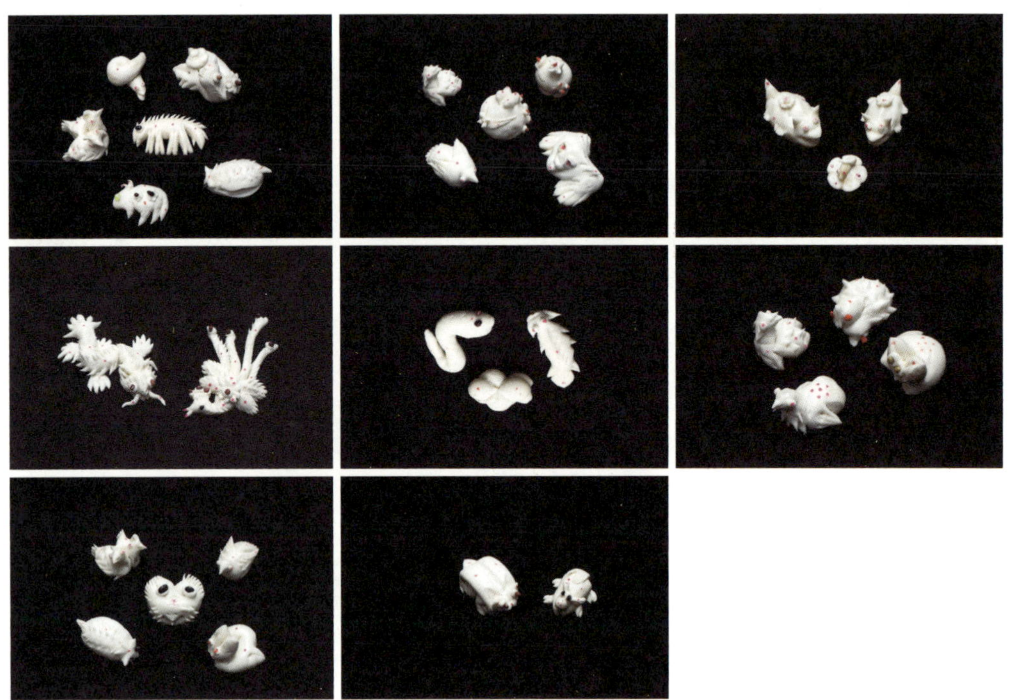

党家村花馍

寿、婚丧寿宴、时令节庆等。年节蒸食馍主要有接神糕子馍、献爷馍、子福馍、法王馍等。婚姻庆典馍有老虎馄饨馍、鱼儿馄饨和枣糕子馍。祝寿和满月馍有寿桃馍和寿盘馍。儿童花馍种类最多，有圈圈子馍、虎馍、岁猫馍、乞巧儿馍、砚台馍、枣糕子馍、独食子馍等。时令节庆馍有二月二的咬虫馍，端午节的簸箕馍，清明节的砂锅馍、独食子馍，中秋节的月饼馍等。

石子馍 石子馍的配料有面粉、食用油、鸡蛋、五香粉。制作工具有平底大铁锅、拇指尖大小的鹅卵石、铁铲。分为制饼、热锅和烙饼三步。将面粉发酵后加入食用油、鸡蛋和五香粉，做成圆饼状。待到放入铁锅的小鹅卵石翻炒至烫手时，再将制好的面饼放入石子中来回翻腾灼烤。铁锅中一次可放 5 ～ 10 张饼，5 分钟左右即可出锅。烙好的石子馍焦黄酥脆，表面因被石子挤压，呈凸凹不平状。晒干后可放置半年不坏，是早年间出门远行的必备食物。

干馍片 干馍片分为两类：一种是烤干馍片，制作时将刚出锅的酵面蒸馍用手掰开分成两半，放置在刷了食用油的大铁箅子上，再把盛满馍片的大铁箅子放在留有余火的土灶上，上面盖上笼盖慢慢烘烤。烘烤时要把握火候，来回翻腾，直到焦黄干脆为止。

烤制的干馍片入口即化，有生津健胃、增进食欲的作用。一种是晒干馍片，即在太阳下将馍片晒干。这种馍片主要是吃羊肉泡馍时用，由于它蒸发掉了水分，容易吸入羊肉汤，且吸入羊肉汤后干馍片变得十分酥软，所以老年人非常喜欢。干馍片忌用刀切，刀切会影响口感。

芝麻烧饼

芝麻烧饼 芝麻烧饼为实心饼，小碗口大小，用白面、食用油、芝麻加佐料制成，不用或少用鸡蛋清。制作工序是和面、垫油、擀饦、贴芝麻、烙饼、烤饼。先将面和好揉成长条状，垫入食用油和调料，然后一圈一圈卷好，再压扁，擀成饼形。成形后在圆心压上芝麻，放入特置的铁鏊上油烙。烙到七八分熟后，再置于鏊下的焦炭火旁烘烤。做芝麻烧饼最难的是烙饼和烤饼的火候。火要掌握得恰到好处，不能太小亦不能太旺，小了耽误工夫，口感不酥脆，过旺了又可能将饼烤焦。芝麻烧饼的最大特点是，色泽黄亮，层次分明，外皮酥脆，食之醇香而不腻。色泽黄亮、酥脆，体现的是火功。醇香不腻重在配料，层次则来源于擀饦。

芝麻烧饼是吃羊肉饸饹时必须搭配的一种馍食，只有二者一起食用，方能体会出其中的妙处。它也可以当零食吃。芝麻烧饼金黄透亮，外层沾满芝麻粒儿，皮儿又薄又脆，向外翻起，触手欲碎，一定得趁热吃。吃时要慢慢地一层一层剥着吃，急不得，否则容易烫嘴。

◉ 民间谣谚

谚语

东北风，刮三天，不下雨，由不得天。

天旱雾后雨，天雨雾后晴。

春雾黄风夏雾热，秋雾连阴冬雾雪。

霜不落，地不冻，家有麦子尽管种。

先河边，后半山，阳坡阴弯再高山。

头伏萝卜二伏芥，三伏种的好白菜。

四月芒，不见黄，五月忙，麦到场。

冰碴响，萝卜长。

立夏种棉花，有树没疙瘩。

秋分糜子寒露谷。

旱枣涝栗子，不旱不涝收柿子。

麦收八十三场雨。

西原的涝池下甘谷的庙，梁带村的台子两头翘。

郭庄的锣鼓马庄的铳，白村的神楼子抬不动。

歇后语

鸭子吃菠菜——平铲。

秀才骑驴——不用问。

狗弹跳蚤——冒着哩。

半夜刮风——胡吼呢。

正月十五贴门神——迟啦。

西瓜做门墩——软胎子货。

裁缝把剪子忘了——光记下吃（尺）。

石灰窑内撇一砖——白气冲天。

木匠的斧子——偏偏子斫。[①]

小娃逮蛇——不知失险（shī xiè ）。

饸饹床子——百眼开。

枣核解板——两句（锯）。

狗皮袜子——没反正。

十亩地一枝谷——独苗。

豆腐掉进了石灰窑——拍不得，打不得。

拿着刨头上坟——羞先人哩。

---

① 意为砍偏了。

歌谣

无题

进了门，拿眼抡，四合头院子[①]走马门。

门前长的摇钱树，门后安的聚宝盆。

毛毛鞋

毛毛鞋，狗狗穿，狗狗骑驴女婿牵。

纺棉花

嗡嗡纺棉花，纺成线子送外爷[②]。

外爷说娃好，给娃打核桃。

咱俩好

咱俩好，炸油糕，

你摊面，我摊油，

糖水往咱嘴角流。

---

① 方言，指四合院。

② 方言，指外公。

党蒙故居　　郭枫义　摄

村民生活

改革开放以后，党家村人的收入水平、消费水平和生活观念均发生了翻天覆地的变化，村民们过上了现代化生活。衣着上追赶时尚，饮食上追求绿色健康、营养搭配，消费上追求美观实用，许多人家拥有轿车，大部分村民会上网，一部分人可以利用互联网推销产品。这些变化反映着社会的进步，是时代的印痕。

党家村村民生活的变化带有明显的时代印痕。1949 年之前，村民的收入来源主要是商业，1949 年后主要是农业，1980 年后转为劳务收入、旅游业收入和其他家庭经营收入。2000 年以后，随着韩城市政府对旅游资源的进一步开发挖掘，旅游收入不断攀高，家庭经营性收入、高新产业收入也在上涨之中。随着收入的增加和生活水平的改善，村民的社会保障水平也有了很大提高。

◉ 村民收入

从元代建村到明朝初期，党家村人只有单纯的农业收入，主要是靠天吃饭。明朝中叶，山庄子经济兴起，村民的收入转向以粮食收入、木材收入、药材收入为主。清朝时期，党家村党贾两姓的生意取得巨大成功，特别是乾隆、嘉庆、道光、咸丰四朝，他们开设商铺、建立钱庄、汇兑银票，生意做得很大。由于其商业经营采取村民入股、家族经营的模式，村民几乎都享受到了商业发展带来的红利，村中出现了“镖驮络绎不绝，日进白银千两”的盛况，村民的收入水平达到空前程度，成为韩城久负盛名的“东丁西杨，南胡北党”四大家族之一。其富裕表现在四个方面，即：住房从最初的土窑洞全面转向四合院落，居住条件得到极大改善；村中建起了文星阁、关帝庙、祖祠等公用设施，村庄文化形成；私塾学馆大量涌现，最多时村中拥有 13 家学馆，村民由追求物质

明清时期的家居摆设

生活转向追求精神生活；村民几乎家家户户有盈余，许多人家出入高头大马，穿戴绫罗绸缎，为人处事上多讲究礼仪，生活水平大大提高。

清末至民国时期，由于河南生意受挫，导致村民的收入水平急剧下降。加之这一时期旱灾、虫灾严重，社会动荡不安，村民的收入来源只剩下农业收入这一项，生活水平每况愈下。1929 年，关中地区遭遇旱灾，为了活命，村民商议决定将村西祖坟里几十棵大柏树卖掉，在祖祠办起粥馆，赈灾全村，其惨状可见一斑。

1949 年后，党家村农业实行集体所有制经营，村民的收入水平有所改善，但是仍然没有摆脱靠天吃饭的局面。1982 年，党家村实行了家庭联产承包责任制，粮食产量逐年提高，多种经营迅速发展，农民收入不断增加。2000 年以后，随着党家村景区旅游资源的开发利用，旅游和旅游产业收入已成为村民收入的一个重要途径。大部分村民在土地上科学管理，种植花椒、苹果、蔬菜等经济作物，获得收益。部分村民外出打工，带回先进的生活理念。2016 年，村中出现了微商、电商等，进一步拓展了收入来源。随着改革的深入推进，村民收入渠道增加，增幅越来越大，收入水平越来越高，呈现出多元化的特点。

农业收入 由于党家村地处泌水河谷，耕地面积较少，可开垦的荒地不多，1949—1980 年，村民的收入水平整体不高，仅能维持基本生活。1957 年，村民人均集体分配收入 92.4 元。1967 年，党家村第一生产队单个劳动力日产值仅为 0.19 元，年终村民人均集体分配收入 69 元。1977 年，每个劳动力日值 0.46 元，年终人均集体分配收入 165.60 元。直至 1978 年，农业收入仍然占村民收入的 88%，养殖业等副业收入仅占全部收入的 12%。

1980 年，实行家庭联产承包责任制后，党家村村民逐渐摆脱了单纯靠粮食种植的生产经营模式，多种经营发展很快，收入也呈现出多元化趋势。村民们开始种植花椒、苹果、桃树、蔬菜、香瓜、葡萄、草莓等经济作物，收入水平逐年攀升，粮食种植收入所占比重逐年减少，经济作物种植逐年上升。1990 年以后，村民加大科技投入，在耕地上选种高产经济作物，如大红袍花椒、红富士苹果、沪太八号葡萄、牛奶草莓等，使农业收入再上一个台阶。从 2000 年起，村民借助西庄镇打造花椒产业基地的有利条件，大力栽种花椒，形成规模。2016 年，全村果树及经济林栽植面积占到总耕地面积的 58%，粮食面积仅占到 25%，农业收入仅占到农民人均纯收入的 19%。

劳务收入 从 1984 年起，一部分村民相继离开村子，外出务工。外出务工人员以男性青壮年为主。起初，他们只是利用农闲时间到韩城市区打零工，到厂矿做临时工，跟有手艺的泥水匠做小工。随着东南沿海经济的快速发展，一些年轻村民陆续到广东一带打工。1993 年，全村外出打工人数 46 人，其中跨省打工 22 人。1995 年，外出务工 81 人。1999 年，外出务工 172 人。到 2005 年，外出务工人员达到 366 人，比 1993 年增长了近 7 倍，占到了全村总人口的 26%，据统计，2005 年，党家村外出打工村民人均收入达到创纪录的 1.94 万元。2000 年以后，随着党家村旅游资源的开发利用，外出务工人员呈回落之势，部分村民参与到景区建设和服务工作中。2012 年，党家村外出务工 354 人，2015 年，外出务工 271 人。外出务工的人员减少了，收入却在增加。2012 年，外出务工人员人均收入 1.99 万元，2015 年 2.23 万元。

其他家庭经营收入　在工资性收入出现爆发式增长的同时，还有一些村民逐渐把视线转移到建筑、运输、酿造上来，开展实体经营，丰富家庭经营的内容和层次。1993 年，全村有 1 人从事打馍[①]生意，6 人从事酿醋业。1995 年，全村有四人从事运输业，1 人经营建筑公司，2 人从事家居装修，9 人经营烧饼摊点，4 人经营便利饭店，1 人从事古建筑修复工作。2016 年，全村从事餐饮、车辆维修、交通运输和建筑业的人员占到了全村劳动力的 30% 以上，其中在 3 个土木工程队从事古建筑修复和基础设施建设的人员占到了 80%。

旅游业收入　1992 年，党家村成立旅游开发公司，带领村民发展旅游业。公司当年就获得经济收益，村民年终人均分红 30 元，公司还为村民缴纳农业税、生活用水电费等。有许多村民直接和间接参与了旅游服务，旅游业收入成为家庭经济收入的重要来源。2003 年，全村共有餐馆、旅馆 40 家，从业人员 200 余人，食宿收入 91 万元，交通运输业收入 10 余万元，人均收入 3000 余元。2006 年，全村参与旅游服务的家庭 35 家，从业人员 144 人。其中专业导游 13 人，管理人员 15 人，经营宾馆的 30 人，经营旅游商店的 3 人，经营旅游纪念品的 5 人，参加民俗表演的 68 人，旅游业收入显著增加。

从 2008 年起，韩城市旅游局每年从门票收入中给党家村提取 120 万元，作为租赁村民房屋的租金。2012 年，党家村景区管理委员会成立后，为旅游业发展注入了新的机遇，许多村民纷纷投资旅馆、酒店、农家乐项目，从事旅游接待、民俗表演、餐饮等服务。村民们还把四合院墙壁上的家训及门楣拓下来，复制四合院主人当年使用过的印

① 指制作芝麻烧饼。

印模（一）

印模（二）

模、瓷枕、花头巾等生活用品，开发出了许多新的旅游产品。这些旅游产品，既有时代烙印，又富有历史厚重感，很受游客青睐。2016 年，仅此一项就增加收入 6 万元，占人均纯收入的 34.6%。截至 2016 年 12 月，党家村共有民俗特色客栈 4 家，农家乐 20 家，旅游用品商店 3 家，特色农家乐 20 家，用工 218 人。从事保洁工作的有 50 多人，其他用工 143 人，总计 400 多人。旅游业收入占到了农民纯收入的 30% 以上。

其他收入 2014 年，韩城市政府启动北林工程建设，党家村 1600 亩耕地中，有 700 亩耕地被规划成林区，栽植成防护林带。党家村村委会将征地款按一定比例分配给村民，大部分款项则用来投资，年终给村民分红。同时，全村有 11 人从事微商，2 人开设加盟店，6 人从事保险业务，30 余人投资基金、股票等。还有部分村民在韩城市新城区购买了商品房，常年用于出租，借以增加家庭收入。

各项福利 党家村村委会从 1992 年起就为村民缴纳生活用水电费。对考入大学的学生实行奖励，对村民中 60 岁以上的老人给予政策优待，逢年过节发放礼品，组织老年村民外出旅游等。

◉ 生活消费

消费水平 历史上，由于党家村在河南经商取得成功，村民的消费水平曾经一度较高，特别是清乾隆、嘉庆、道光、咸丰时期，村民花费巨资修建四合院，增添大型家居生活用品。1994 年，发现党族二门十六世祖党尊周兄弟三人同治年间分家的“分薄”，记载有“旧院一所，地基七分（包括门前出路，院西巷道和落硷在内），作价七百两，房屋作价（纹）银九百两”。从中可以看出党家村人当年的消费水平。村民党康赖家至今还留有一副祭祀用的神主楼，选用楠木精雕细刻而成，价值不菲。

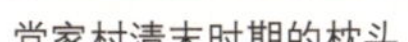
党家村清末时期的枕头

党家村清末时期的茶壶（一）

党家村清末时期的茶壶（二）

党家村民国初年的瓷盘

党家村清末时期的钱匣子

党家村清时朝火镰

19 世纪末至 20 世纪初，随着党家村旅外商业的衰落，村民的收入与鼎盛时期相比大幅降低，消费水平也随之下降。这 时期，为了应对捉襟见肘的生活，村民大量出售家藏的字画及地毯、手摇唱片机、怀表、羊皮袄、八仙桌椅等生活用品，以维持生计。

1949 年以后，村民的消费观念和水平较之先前发生了很大变化，但仍然以食品、衣着消费为主，住房消费少之又少。1953 年，韩城县人民政府给村民颁发了土地房产所有证，到 20 世纪 80 年代兴建新村时，老村的房屋在 30 多年间几乎没有增加过。

民国时期的花轿

1978 年后，随着经济的发展和村民收入的日益增加，村民的消费理念悄然发生了变化。1991 年，党家村人均生活消费支出 504.79 元，1995 年人均生活消费总支出 1061.25 元，比 1991 年翻了一番。2005 年，人均生活消费支出 2371.02 元，比 1995 年翻了一番。2016 年，全村人均消费支出 6890 元，比 2005 年增长 191%。

消费结构 在各种消费支出中，食品类消费支出呈逐年下降趋势，衣看、交通、通信、家用电器等消费支出则逐年上升，尤其是文化教育方面的支出明显增加。

1991 年，全村人均粮食消费 260 千克，蔬菜消费 57.1 千克，植物食用油消费 3.8 千克，猪肉消费 4 千克，牛羊肉消费 1.75 千克，蛋类消费 2.1 千克，人均食品消费支出 261 元，衣着消费支出 59.7 元。每百户拥有彩电 6 台，录音机 2 台，摩托车 8 辆，洗衣机 24 台，电风扇 33 台，大型家具 354 件。到 2000 年，全村村民人均粮食消费 180 千克，蔬菜消费59.33千克，食用植物油消费5.17千克，肉类消费6.35千克，蛋类消费2.44 千克，奶及奶制品消费 0.37 千克。每百户拥有彩电 14 台，摩托车 23 辆，洗衣机 45 台，电风扇 46 台，空调 0.07 台，大型家具 362 件。2016 年，每百户拥有彩电 91 台，洗衣机 63 台，电风扇 110 台，电话座机 51 部，大型家具 474 件。全村户均空调 0.8 台，户均洗衣机 1.5 台。

食品消费 在新中国成立初期，党家村人的生活仅能维持温饱水平。食品消费的种类也比较单一，很少有副食。改革开放以后，村民的生活水平得到相应提高，膳食搭配更加科学、合理。一方面，食品消费在村民生活消费中所占的比重越来越低。另一方面，奶制品、豆制品、水产品及菜类在食品消费支出中所占的比例不断上升。从 1978—2000 年的 22 年间，反映村民食品消费支出所占生活消费总支出比例的恩格尔系数由 66% 下降到 37.3%。2010 年，党家村居民食品消费支出占居民消费支出的比重下降至 13%。党家村村民一改早年传统面食及腌制菜品的习惯，对食材的要求更加讲究，食用绿色食品、富含微量元素食品成为时尚。

衣着消费 20 世纪 60 年代之前，村民的衣着以自产自制的土布为主，在地里种植棉花，纺线织布，印染浆洗，再量身制作，大到衣着鞋帽，小到手绢袜子纽扣，全部出自家庭主妇之手，颜色、种类均比较单一。直至 20 世纪 70 年代末，村民仍然过着“新三年，旧三年，缝缝补补又三年”的生活。进入 20 世纪 80 年代，一些生活条件好的村民开始购买布料，自制或请人缝制衣服。20 世纪 90 年代后，村民基本上不再缝制衣服，转向从市场上购买。进入 21 世纪，村民的衣着消费再次迈入一个较高的层次，由追求舒适向追求个性、时尚、新潮迈进。

交通通信消费 1949 年以后的 30 年间，村民的交通消费支出微乎其微，一直维持在较低水平。通信方面，全村只有一部老式公用电话。1982 年以后，三轮车、摩托车乃至小轿车陆续出现。通信手段和方式也有了很大变化，2000 年，全村 95% 以上的劳动人口用上了手机，村民用于交通通信的消费支出也水涨船高。截至 2016 年，党家村共拥有摩托车 423 辆、各类运输车辆及私家车 180 辆，手机 830 部，电动自行车 32 辆，计算机 46 台，人均交通、通信消费支出达到 1600 元，比 20 世纪 80 年代有了大幅增长。

医疗消费　1978 年之前，村民很少上大医院看病，“小病忍一忍，大病先硬抗，不行再就医”是当时医疗情况的真实写照。20 世纪 90 年代后，农村合作医疗保险制度全面建立，商业医疗健康保险也应运而生，村民的医疗保健消费呈逐年攀升态势。进入 21 世纪，村级卫生诊所建立，村民看小病不出村，大病能及时进医院就诊，村民也更加重视医疗保健。

◉ 衣食住行

服饰　明清时期，党家村人一度身着绫罗绸缎，骑着高头大马，一身珠光宝气。20 世纪初，随着河南南阳生意的凋零，风光不再，服饰穿戴趋向于普通，村民穿的是棉衣、单衣、夹袄、短褂。男性村民上衣多为对襟袄，胸前对称，饰以自制的布纽扣。对襟袄左右下摆各有一个口袋，可放置随身之物。女性上衣自胸前斜向开襟于右肋部，口袋亦暗藏其间。裤子一般为大裆裤，腰部连缀一节没有经过印染的白土布，称为腰或安腰。穿上后，安腰对折，再用碎布料制作的裤带固定。不论寒暑，上了年纪的男女腰间必缠绕一条两三米长的腰带。为劳作及生活便利，裤腿用碎布捆扎。20 世纪 30 年代，男性还有袍子，女性有穿裙子的习俗。那时候的裙子与后来的裙子不同，穿着在长裤

辛亥革命后党家村村民全家福照

之外，其形状为一块长方形布料，两头有固定的裙带。穿戴时，在腰间围绕固定即可。裙长要遮盖住脚面，讲究脚不视人。服饰的面料为自制，颜色也比较单一，基本是黑、白、蓝。不论冬夏寒暑，成年男性头上几乎都戴有羊肚子手巾或礼帽。礼帽一般适用于正式社交场合，羊肚子手巾则较为随意，它是用家织布做成的，从头前绕后，再交叉捆绑。女性的头上，夏季顶一块方格子手帕，既可防尘，又能擦汗。鞋袜也是自制的。鞋的面料有土布、平绒、灯芯绒等。女性鞋面上大多有绊带，有装饰性绣花图案。

至 20 世纪 40 年代，女性缠足之风还没有杜绝，三寸金莲鞋时有出现。袜子大多用土布裁剪缝合，有厚底高腰薄帮之讲究，当地人把这种袜子叫作凉发。春秋季节，村民穿夹袄。夏季，男性着短衣或挂挂子（马褂），男女少年着祥马子（裹肚）。婴幼儿衣着多是用碎布料连缀成片后再加工而成，上面贴有小动物图案。冬季，孩子的袖口有猫儿套袖子[①]，头上戴有老虎帽。老虎帽是能把除脸面以外的头部全部罩住的帽子，上面有用五色丝线及碎布料制作的虎头，下颌部用绳子或子母扣固定。脚上穿自制的棉鞋，当地人称作棉窝子。

1949 年之后，自制的大裆裤、对襟袄、老式裙装、绑带裤等慢慢被淘汰。取而代之的是中山装、制服、列宁装、学生装等。二十世纪五六十年代，村民喜欢穿草绿色军装，戴军帽。20 世纪 70 年代，男性村民夏季喜欢穿 T 恤，女性喜欢戴白色假领、白色手套。20 世纪 80 年代，年轻村民喜欢喇叭裤、蝙蝠衫、皮夹克。20 世纪 90 年代，村民喜欢穿毛衣、牛仔裤等。鞋子也从原来的土布鞋、军鞋发展为塑料鞋、皮鞋、运动鞋、旅游鞋、休闲鞋等。进入 21 世纪，社会上又兴起土布热，党家村村民开始用土布制作床单被里等床上用品。

饮食 1949 年以后，党家村村民的饮食以面食为主，主食有玉米、小麦、谷类和豆类，蔬菜大多是自留地种植的萝卜、辣椒、西红柿、茄子、丝瓜、菠菜、香菜等。只有到逢年过节时，才买点肉吃。婚丧嫁娶的菜类多为大杂烩，一锅煮。

改革开放后，村民的饮食习惯才从如何吃得饱转变到吃得好上，讲究营养膳食、科学搭配，食材种类繁多，副食消费增加。面食主原料多选用精细小麦面粉，但用量逐年减少。肉禽类、海鲜类及豆制品消费增加，新鲜蔬菜、营养水果也走上餐桌。大米、玉米、荞麦等用量相对增加。在吃得好的同时，更加注重绿色、低脂食品的选择。面食类

---

① 和手套功能类似，常用于孩童，冬天防止手冻伤，可与袖子连在一起，也可不连，上绣有花猫图案。

食品更加讲究，饸饹、胡卜、手擀面、扯面、莜面、馄饨、麻食、凉皮、米儿面、蒜水蘸面、臊子面，乃至馒头、菜卷、花卷、包子、水饺、菜盒、油层馍、石头馍等具有地域特色的饮食也成了村民日常食用的饮食。村民外出下馆子、上酒店的机会不断增加，不光讲求吃得好，更要吃得有品位，有营养。随着生活节奏的加快，快餐食品、方便食品也走进村民的生活。村民越来越讲求饮食多样性，粗粮与细粮科学搭配，荤素搭配，少食油盐等。进入 21 世纪，村民喜食野菜与纯天然食品。

住房　党家村四合院建筑相对集中，所用建筑材料上乘，建造质量优良，保存下来的 123 座四合院以及瓷枕头、瓷盘、板箱等老物件，直到 20 世纪 70 年代还被大量使用。20 世纪 80 年代，党家村在塬顶另建新村。新村房屋多为砖混结构，一般为 2 层，7 ~ 9 间，建筑面积 120 ~ 180 平方米不等，设有卧室、客厅、厨房、卫生间、浴室等。大门为钢板焊制，高大气派，家用轿车可以自由进出。门外一对青石狮子高踞两边，门内有宽大过道，白天可供家人歇息吃饭、夜晚做停车场所。房屋布局延续过去的建房理念，讲究连升三级，厅房最高，厢房次之，门房再次之。门房兼做通道、还可用作吃饭、歇息、临时招待客人的场所。厅房与侧房连接。厅房中间为客厅、两边各有一卧室。2012 年以后，韩城市政府统一规划，修缮四合院落，硬化新村街道，绿化巷道，并为村民粉刷墙壁、门前安装石狮子，村民的居住环境进一步改善。2015 年后，有部分村民在韩城市新城区购买有独立产权的商品房。

木柜

出行　从清末至 1949 年期间，村民出行多依赖畜力车、独轮车或步行。家庭条件好一点的会坐轿、骑马。20 世纪 60 年代，自行车开始出现。20 世纪 70 年代，村中自行车达到 21 辆。1985 年，村中出现第一辆摩托车，为嘉陵牌。此后，摩托车数量连年增加。1984 年，村中有了第一辆农用三轮车。2000 年，党家村有了第一辆用于载客的面包车。2002 年，有了第一辆私家车，为奥拓牌。截至 2016 年，全村共有摩托车 423 辆，电动自行车 32 辆，汽车 180 辆。出行方式也从最初的依靠原始工具向火车、汽车、高铁、飞机等转变。

◉ 家庭结构

1949 年前的家庭结构 1911 年以前，村民的家庭结构以家族聚居为特点，四世同堂、五世同居较为常见，讲究五服以内为一家人。清朝翰林党蒙幼时就出生在一个大家庭中，民国举人贾乐天的家庭也是三四代人生活在一起。大家庭通常由辈分高的年长者担任家长，家庭内部有明确的分工。男人在外谋生，女眷在家主内，做饭及内务轮流进行。同辈人之间，长子为大。庄稼劳作、生意运行必须经家长同意，连同做饭、饮食也得请示女家长的同意。晚辈每天要向长辈昏定晨省，儿媳辈早晨要伺候公婆起床。

1949 年后的家庭结构 1949 年以后，党家村村民的家庭结构发生明显变化。大部分为两代到三代家庭结构。1980 年以前，家庭子女众多。子女未结婚前，尚在一个家庭生活，等子女长大结婚后，则另立门户。女孩出嫁后不再参与娘家的家庭建设等。

1980 年后的家庭结构 1980 年以后，受一对夫妇只生一个孩子影响，一般家庭多为 3 ~ 4 人，村民的独立意识增强，上下两辈之间也出现分门别户单过的情形。但以血缘为纽带的亲族关系依然存在。

◉ 社会保障

养老保险 在 20 世纪 90 年代之前，村民养老多以家庭保障为主。1992 年，韩城市被列为陕西省农村社会养老保险试点县（市）。1993 年，农村社会养老保险工作正式启动，在个人缴纳的基础上，村委会给予适当资助，韩城市财政予以补贴。参保人员可根据自身经济能力，选择不同的参保标准、不同的缴纳年限。1999 年，根据国家政策，农村社会养老保险暂停办理，但对已经参保并缴费到期的投保人继续发放养老保险。2009 年，新型农村社会养老保险体系全面启动。2010 年，党家村村民的参保率达到 87%。2013 年，参保率达到 100%。新型农村社会养老保险体系运行后，农村基础养老金逐年提高，由 2009 年的 55 元提高到 2013 年的 60 元。2014 年，又上调至 80 元。 2016 年，再次上调至 120 元。2016 年，党家村共有 804 人参保，参保金额约 68.12 万元。

高龄补助 2009 年，陕西省人民政府实行高龄老人生活保健补贴（简称高龄补贴）

制度，城乡凡 80 周岁以上的老人，每人每月发放高龄补贴 50 元，百岁以上每人每月 100 元。2009 年，党家村符合要求的老人享受补贴 7200 元。2010 年，补贴标准调整为：80 ～ 89 岁，每人每月发放 50 元；90 ～ 99 岁，每人每月发放 100 元；100 岁以上，每人每月发放 200 元。党家村 80 岁以上的 15 名老年人共领取补贴 11800 元。2012 年，享受补贴的年龄由 80 岁降为 70 岁，70 ～ 79 岁、80 ～ 89 岁、90 ～ 99 岁、100 岁以上老人补贴标准分别为 50 元、100 元、200 元、300 元。2012 年，党家村 70 岁以上的 34 名老人共领取补贴 33600 元。2016 年，党家村符合条件的 31 名老人共领取高龄补贴 28200 元。

医疗保险 2004 年，韩城市实施新型农村合作医疗制度（简称新农合）。新农合突出了农民医疗互助共济功能，农民自愿参加，个人、集体与政府三方共同出资，以大病统筹为主，共同抵御疾病风险。中央财政给每位参保人员每人每年补助 10 元，省级财政补助 4 元，市级财政补助 3 元；地方财政补助 3 元，农民本人交纳 15 元。农民在韩城市一级医院住院，医疗费在 3000 元以内的，按 30% 予以补助；医疗费在 3001 ～ 8000 元的补助 35%；医疗费在 8001 ～ 15000 元的补助 40%；15000 元以上的，补助 45%。在乡镇一级医院住院的，补助标准上浮 5%，每人每年补助最高限额为 1 万元。符合计划生育政策的农村经产妇一次性补助 152 元。2004 年，党家村参加新农合 762 人，占总人口的 50.46%。2010 年，党家村村民全部参加了新农合。

其他保障 主要有民政部门的最低生活保障制度、五保供养制度和大病救助政策，韩城市在精准扶贫中建立的贫困救助对象基本医疗免费政策、残疾人扶助政策等。此外，党家村于 1992 年建立村老年活动中心，逢年过节购置礼品慰问老年人，组织老年人外出旅游，免费为 60 岁以上老年人检查身体，对老年人及学生进行政策优待。

党蒙故居的走马门楼　　郭枫义　摄

艺文杂记

在686年的历史长河中，党家村逐渐形成了独特的文化。楹联深刻的内涵、优美的文字、精美的书法，使其颇具观赏性和审美性。诗文也有自己的特点，像贾乐天的《劝农桑慎选举论》，语言优美，一气呵成，展现了知识分子忧国忧民的情怀。碑文则从另外的角度，见证了党家村的往事。

随处可见的楹联是党家村一道亮丽的风景线，有关党家村的诗文如同一条一条清亮的小河，碑文则更像遗落在岸边的树根，它们共同构成了中国历史文化名村深厚的文化底蕴，让它更加古朴厚重和富有魅力。

◉ 诗文著述

诗选

党家村民居[①]

雷达

走马门楼四合院，青砖碧瓦映蓝天。
匾联灼光书香第，耕读传家文阁园。
绿丛千舍伴泌水，紫气万缕艳梁山。
登塔望河心欲醉，串巷入室眼自宽。

文选

党家村赋[②]

张申

嗟夫，大美党家村！东方民居化石，桢州古邑村庄。名城溢彩，誉享八方。西襟梁山，奕奕禹甸；东带黄河，滚滚流长。南仰司马，古祠峨峨；北眺龙门，斧痕苍苍。辉映巍巍院落，纵横悠悠石巷。宅从民居，家聚瑞祥。

呜呼，慎思追远，先人功德勿忘。党姓始祖恕轩，祖籍朝邑，逃荒夏阳。瑟瑟然，身无御寒之衣；惶惶然，灶无果腹之粮。掘窑穴居，租地开荒。台塬之下，泌水之阳，筚路蓝缕，开创村庄。贾姓迁入，和谐相帮。村添勃勃生机，地起煦煦朝阳。

是以党家村，始祖栖身得撰村史，后代修院薪火传扬。结连理，党贾联姻，繁衍生息。共休戚，肝胆相照，开拓守望。植桑麻，耕读传家；赶毛驴，布棉经商。风萧萧兮，阿公羁旅客地；夜茫茫兮，阿婆苦守空房。人归来兮，醒来一梦，徒添愁绪，芭蕉

① 引自《韩城市志·艺文志》。
② 原载《韩城日报》副刊，2017 年 3 月 19 日。

夜雨，风鼓轩窗。思念久，日月长，院门外，驮铃响。阿公含笑，搬来银箱，一身疲惫，满面风霜。

路漫漫乎，往返豫粤鄂湘，合兴发，生意兴隆通四海；金灿灿乎，货殖棉木桑麻，恒兴桂，财源广进达三江。几代人苦心经营商号，分银楼日进镖银千两。

德润身，富润屋。

于是乎，取女娲补天之石铺巷修路；择王母造池之砖建屋砌墙。有御赐之珠悬文星阁；聘添筹三老督造祠堂。

于是乎，党家村石巷交错，通院达房。玉石圆润，记录时光。庭院错落，屋别正厢，门庭家训，福寿壁墙，院取四合，协和阴阳。节孝碑，看家楼，傲然耸立；泌阳堡，老炮台，固若金汤。

于是乎，党家村文星高照，阁袅烟香。惜字炉，一篮翰墨，宣纸火光；无眠夜，满天星斗，诗透寒窗。登科及第，名列金榜，钦点翰林，家国栋梁。

于是乎，党家村，长寿凳，老祠堂。灵坛叩拜，玉炉焚香。贾氏三拜，秉烛谨遵祖训：四百载守祖宗一脉真传曰勤曰俭，廿三代教子孙两条正路惟读惟耕。党族九叩，酹酒恭颂祭章：由朝邑迁韩邑五百载人文蔚起，自元代迄清代二十世俎豆常新。世代祭祖，瓜瓞绵长。七百年，岁越元明清，几十代，业重耕读商。子孙相继，殚精竭力，村兴家旺。

岛寂寂，海茫茫，老将军，黯然伤。彩云间明月兮，归故乡！人百岁，满头霜。高山登绝顶兮，放眼望，家万里，国有殇。飞机盘旋，航拍成像，银屏闪动，故里沧桑。宝岛浮萍，泪满腮帮。

养在深闺人不识，瑰宝现世惊四方。已而，国内学者考察，东瀛专家采访。举世宝珠，熠熠发光。名流挥笔："民居瑰宝"，跃然纸上。古老村落，再现辉煌，文明和谐，无限风光。饸饹辣，馄饨香，特色农家乐，宽敞停车场。游客人如织，塬上椒果香。观览移步帘收韵，别去思绪梦脱缰。何日君再来，党家村里，古道情长。

劝农桑慎选举论①

贾乐天

国家之政治，不外乎理财用人二大端。而理财用人，尤必以农桑选举为本。自唐虞

① 该文系贾乐天乡试论文。

后稷教民树艺，《禹贡》絲、枲、粟、米并赋，舜闢门明目达聪。逮夫周之文王，制田树桑，克知三有宅心，灼见三有俊心。武王继之。《周礼》一书，于农桑选举，管制尤详。降于汉唐以暨元明，历代重之，罔敢忽慢。然沿之既久，积弊渐生。或文诰繁兴，视为故事；或资格严限，致没真材。非所以播鸿休、扬盛烈也。间尝读汉章帝之诏，二千石者，不禁顾国计而念民生，酌时宜而思古道。窃疑劝农桑者四，则慎选举者四，则请推论之，备观览焉。

一宜劝广种植也。职方氏宜稻之州七至，今存荆扬二州。他如《豳风》咏柔桑则豳地宜桑，《郑风》咏树桑则郑地宜桑，《卫风》咏桑之未落，《魏风》咏桑者，闲闲雅咏，苑彼桑柔，则卫晋周地俱宜桑。《书》织文、压絲、纤缟、纁絲、纤纊，贡于兖、青、扬、荆、豫诸州。是天下故多宜桑之地也。似宜令官为倡导，考宜稻宜桑之地利，废者兴之，存者广之。则所谓因利而利者，亦五美之一端也。

一宜劝备旱涝也。大西北各省，叠遭旱荒，东南各省，复多水患。宜令仿古沟洫疏渠设闸，事蓄泄、资灌溉。又于平旷之区，仿泰西风车法，旱则掘深井，以风力汲水灌田，涝则开水道，以风力戽水注涧。将农田永庆丰亨，桑叶咸歌沃若。大田之稼既多，公子之裳可献矣。

一宜劝精器具也。昔汉武帝令工巧奴做田器，乡里父老善田者，从受田器学耕种养苗壮。今意大利亚、日本、印度、美利坚各国，耕种缫织，皆用机器，灵捷巧便，胜于人工，况中华于泰西各国，钟表音匣，一切声色玩好之物，往往不惜重值争相购市，何不购此有用之机器，以广耕织之利哉。

一宜劝示惩奖也。宋太宗太平、兴国中，两京诸路许民共推练土地之宜，明树艺之法者一，入县，补为农师，视地肥瘠，察民勤惰。元太祖分布劝农官，巡行郡邑，察民勤惰，施以赏罚。今地方官似宜巡行郊野，见有嘉禾美茧者，奖赐之，游惰者，督责之。且即以为考吏之殿最，将上行而下效，而民康物阜之休著矣。

然而，农桑之劝，必选举之得人，是尤必力学校，以培其根。察贡举，以收其用。审铨选，以当其职。严考课，以验其才。古者人生十有五年，自元胄世子，以至于民之俊秀，皆入大学，教以修己之事，论秀书升，量能授职。后世，乡举里选之法坏，利禄奔竞之途多，求所谓古之养正于小学，论定于大学，春夏学干戈，秋冬学礼乐，可以为良相，可以为名将，可以为循吏，可以为忠臣者戛戛乎，不可多得。则学校之宜立者一也。

前代权要，往往有因请托不应，排陷试官者，致令后世瞻徇情面，关节暗通，进身之阶不正，即筮仕之效难期。是必主试皆择公正，请托特严，刑律公道，以昭贤路，以辟此贡举之宜察者一也。

唐宋以来，铨选非徇乎，资格即限于流品，致使抑塞磊落之奇材，恒偃蹇于深山穷谷中，而莫能自拔，此豪杰之士所由抚膺而长叹者也。然以万有不齐之贤否，第取决于一人之耳目，苟无簿籍可稽，几何其不开躁进之门，导请谒之路，惟公以行之，必有奇才，如长沙太傅者，始可仿孝文破格以用之。此铨选之宜公者一也。

尧之于舜也，犹月询事考言，后世贤君亲贤远佞，未有废考课者，然或宵小缘以诋排异己，奸雄藉以援引佥壬。苟人主不察，将考课本以纠群邪，而反以妨众正矣。是必烛以睿照之，清明断以宸衷之，严毅斯，宝镜高悬，神奸立判。此考课之宜严者一也。

以上八则，参汇中外，酌准古今。

圣天子轸念民，依激扬仕路，行见乐利徧于垓埏，俊髦登于廊庙，猗欤休哉，斯万年有道之隆轨矣。

当代著述 近年来编写、出版的反映党家村古民居方面的书籍共有 7 部，这些书籍从不同角度，对党家村的村情村貌、历史文化、建筑遗迹、商业发展等情况作了全面深入的介绍。

党家村当代著述简表

表 8

主要书目	作 者	出版时间	内容简介
党家村——中国北方传统的农村集落	中日联合民居调查团	世界图书出版公司，1992 年 3 月	该书由中日联合调查团日方团长青木正夫执笔。该书从建筑学角度对党家村古民居建筑做了系统介绍，称赞党家村古民居是“东方古民居建筑的活化石”
韩城村寨与党家村民居	周若祁、张光	陕西科学技术出版社，1999 年 10 月	该书从人文环境入手，详尽介绍党家村村寨合一的历史成因，及党家村古村寨在建筑、防御、风水上的特点
民居瑰宝党家村	李文英	陕西人民教育出版社，2002 年 4 月	该书系统介绍了党家村古民居建筑所取得的成就，把党家村古民居建筑放到韩城地区、黄土高原、北方地区广阔的社会大背景之下，透过历史和文化气息，从源头找寻蕴含在其中的文化因素，再现了党家村的建筑史、人文史，是研究党家村的重要作品之一
民居瑰宝党家村——陕西韩城党家村的建筑美学	范德元	陕西人民教育出版社，2002 年 4 月	该书图文并茂，从建筑学和美术学角度，对党家村古民居建筑进行了全面剖析和阐释，生动再现了这座元明清古村落的迷人风采
党家村	孙旭祥	广东世界图书出版公司，2008 年 8 月	该书以丰富翔实的资料，对党家村四合院落、泌阳堡古寨、历史名人、民俗风情、风味特产、旅游服务做了全面系统的介绍

续表 8

主要书目	作　者	出版时间	内容简介
变迁：一个中国古村落的商业兴衰史	黄德海	人民出版社，2006 年 10 月	该书从经济学角度，对党家村从白手起家到“日进白银千两”，再到清末逐渐衰落这一过程进行了深入细致的分析，揭示了其商业兴衰背后的深层次原因，填补了党家村商业研究方面的一项空白，也为陕商研究提供了一个新的窗口
韩城党家村	刘宝仲	中国建筑工业出版社，2017 年 8 月	作品以简要的文字和大量的精美图片，对党家村的传统民居、四合院落、民俗风情做了详尽描述

◉ 楹联　家训

党家村楹联

党族祖祠对联

党蒙

出朝邑迁韩邑五百载人义蔚起，

自元代迄清代二十世俎豆常新。

党蒙书房对联

党蒙

居身不使白玉玷，

立志当与青云齐。

贾祖祠厅房门对联

佚名

椿茂萱荣堂上屡承仙露润，

天长春永阶前咸舞彩衣新。

贾氏祖祠神龛对联

党守箴

守祖宗一脉真传曰勤曰俭，

教子孙两条正路惟读惟耕。

西井房龙王神龛对联

贾乐天

龙为四灵之首，

王与百姓同乐。

节孝碑砖刻对联

佚名

矢志靡他，克谐以孝，

纶音伊迩，载锡其光。

光绪三十二年韩城知县张端玑颂贾乐天对联

张端玑

松柏豫章早有栋梁气，

芝兰玉树生于庭阶间。

分银院对联

党康琪

东伙同心赊旗会馆仍昂首，

德行为首墙上格言本铭心。

民国初年韩城女子学堂对联

贾乐天

一千年来之浩劫方终，为奴隶，为玩物，援其我巾帼同袍，登极乐天，出黑暗狱；二十世纪之文明递衍，曰平权，曰自由，颉颃他须眉多是，造国民母，做教育家。

党家村景区大门对联

党丕经

祖宗艰难创业，建此庄、建此村，原意为蔽风雨、乐农商，岂料留下稀世瑰宝，可光中华建筑史；子孙懵懂享用，作于斯、歌于斯，不识其庐山面、蕴椟玉，既经拂去历史尘埃，方见北国文明村。

党启智家厅房走廊对联

佚名

兴国咸休安富尊荣公府第，
同天并老文章道德圣人家。

题祖居老院门对联

党鉴泉

问津桃花源失之渊明笔下，
信步泌水岸得于恕轩门中。

文星阁门对联

党乾烈

配天配地洋洋圣道超千古，
在左在右耀耀神灵保万民。

文星阁内对联

贾乐天

巍焕楼台新气象，
森严瓮阁旧规模。

贾祖家祠万房门对联

党康琪

农商并基业磐磐祖宗学深，
文武皆功勋赫赫后裔绵长。

青砖上的家训

富时不俭贫时悔，见时不学用时悔[①]

陕西韩城，古称龙门。

在它的东北方向，有一座保存完好的明清建筑村寨，这便是有着“民居瑰宝”美誉的党家村。

走进党家村，扑面而来的，是错落有致、美轮美奂的中国明清古民居，青砖灰瓦、鳞次栉比、瓦屋千宇、不染尘埃。但更让人感受深刻的是，在每家院落墙壁的青砖上、走马门楼的门额上，都镌刻着富有哲理的家训。

这些家训，集书法、雕刻、建筑于一体，让整个村中都浸润在了传统文化和伦理教化的氛围之中。鲜明的建筑特色与身后的文化内涵交相辉映、珠联璧合。

家不仅仅是居住之地，还是育人之所。

党家村人把育人看得很重，他们在建造房子时，就把家训融入建筑营造之中，甚至连家训铭刻的位置也经过了精心的设计：一般放在正房两侧山墙的延伸部位。这个位置，不管是主人还是客人，长辈还是晚辈，进出之间或转身之际都能耳濡目染，不知不觉间受到教化熏陶。

家训的字也十分讲究，往往以楷书或者行楷为主，体现出一种庄重的仪式感，凸显出家训对后人“守正”和“规矩”意识的教化，将传统道德与做人准则表达得淋漓尽致。

“无益之书勿读，无益之话勿说”，“志欲光前，惟以读书为先务”。在党家村的家训中，劝导子弟读书是一项十分重要的内容，要求后人多读书、读好书、明事理、有作为。

在党家村一些巷道的显著位置，有一些小房子样的空间：一米见方，上面有坡顶，四面用砖垒砌，正立面上有一个小洞，洞口上方写着两个字：惜字。

耕读持家是党家村人代代相传的生活方式。“耕”为获得衣食之源，“读”不仅是读书，还要习字。对初学者来说，在习字过程中难免会出现写错、写坏的情况。但这种有字之纸不能随便乱丢，更不能踩踏或扔进垃圾桶，而是要把它们收集到惜字炉里焚烧。这个细节不仅反映了党家村人严谨的学习态度，还反映了党家村人对文化的尊重。

德行天下，清正廉洁，是党家村家训所极力倡导的传统美德。

党氏、贾氏族人犹如两条溪流先后从不同的地方流进党家村，汇集成河。他们共同

---

① 选自中央纪委监察部网络中心编：《中国家规》，中国方正出版社，2017 年 3 月。

诚信经营，为后世积攒下淳厚的祖德和殷实的家业。“和为贵”“谦受益”“行事要谨慎，存心要公平”，这一条条做人的准则，教化了党家村人。由于懂得做人做事的道理，无论是在家务农，还是外出经商，他们都能做得风生水起。

党氏十六世祖党蒙在任清朝刑部主事时，刚正不阿，曾任钦差赴山东查办贪案，秉公执法，拒收贿赂，依律查处贪官污吏数十人，刚正名声震动京师，朝廷御赐“清廉正直”牌匾。

在党家村的墙上刻着这样一条家训：“国则思忠，家则思存，民则思信，为人之根本也。”党家村人乐善好施，扶危济困，有着强烈的社会责任感。他们深知家国两相依、有国才有家。许多党家村人行善积德、利济乡邻的故事流传至今。

明代党家村人党孟辆，为人忠义。公元1555年，韩城遭灾，党孟辆当众把穷人向他借的200余石粮食的借据焚毁。他还曾拿出银钱300两周济无力缴纳赋税的人，时人赞其为“党义翁”。

如今的党家村，古色古香的古民居在凝固住一段传统文化的同时，也和着时代的节拍，充满着时代的朝气。先祖遗留下来的淳朴民风已经浸透在古民居的青砖灰瓦上，体现在今日党家村人的言行举止里。

穿行在历史沧桑的巷道上，沐浴在典雅浓厚的文化气息中，不禁感慨党家村何以能历经数百年却仍保存得如此完整？回望院舍墙上的那些家训，字迹斑斑驳驳，却似乎给了我们最好的回答。

◉ 碑文

同行商贾公议戥秤定规概

赊旗店，四方客商集货兴贩之墟。原初，码头买卖行户原有数家，年来人烟稠多，开张卖载者二十余家。其间即有改换戥秤，大小不一，独网其利，内弊难除。是以，合行商贾，会同集头等，齐集关帝庙，公议：称足十六两，戥依天平为则，庶乎校准均匀，公平无私，俱各遵依。同行有和气之雅，宾主无踈戾之情。公议之后，不得暗私戥秤之更换，犯此者，罚戏三台。如不遵者，举秤禀官究治：唯恐日后紊乱规则，同众禀名县主蔡老爷，发批钧谕，永除大弊。

山西平阳府曲沃县

傅□□□

郭汾□书

集头：杨朝

主持道人：舒功志

　　　　　萧成元

大清雍正二年菊月

大清同治元年九月初九日重刻

行头：隆茂店、大生店同立

公义杂货行规碑记

盖问，通商惠贾，自古训之，岂属在开张行店而可无定规欤？本镇之有杂货行由来已久，似无烦于再议矣。第以人心不古，规矩渐没，或妄翼重资弄巧成拙，希图蝇头徇私而害公，因是暗累莫支，以致倒塌之患者有矣。夫生意之盛衰一视乎行家，行家既以赔累，又希望生意之长盛乎？以故行客闻之而胆战，每每发货他处；铺家见之而心寒，往往收拾不做。如是不改，其何能堪哉？爰是集我商行，公议规程，历剔弊端，使勿二勿三堪酌尽善，期可大而可人。行间规矩画一，主客两便，利人利己不必衰多以益寡，是训韪行，自可近悦而远来，则所以惠商贾之道，不成在是哉？左详条规，以示不朽云。

卖货不得包用，必要时落三分，违者罚银伍拾两；

如有旧店换人名者，先打出官银叁拾两会行友，违者不得开行；

卖货不得论堆，必要逐宗过秤，违者罚银伍拾两；

不得合外分夥计，如违者罚银伍拾两；

卖表辛不得抄红码，必须过秤，违者罚银伍拾两；

不得沿路会客，如违者罚银伍拾两；

落下货本月内不得跌价，违者罚银伍拾两；

不得在门口拦路会客，任客投主，如违者罚银伍拾两；

银期不得过期，如违者按生意多寡出月利；

不得假冒名姓留客，如违者罚银伍拾两；

结账不得私让分文，如让者罚银伍拾两；

买货，破烂水湿，必要以实价公除。

不得栈房门口竖立招牌，只写某店栈房，如违者罚银伍拾两；

平色有公议砝一副，足纹银九七八六为则；

每年正月十五日演戏敬神，各家俱要齐备，如故违者不许开行；

有新开行者，必先打出官银伍拾两；

客到店中吃饭俱要饭钱。

大清乾隆五十年岁次乙巳九月十七日阖镇　杂货行仝立

过载行差务碑

盖闻礼有定制，事有成规，即我等过载行先辈，原有议定章程，虽历久而不容紊乱。奈世远人湮，前定者百无一二；即支官席片，屡经加增，日复一日，以一倍十，总倾业办公，毫无已时。兹于道光二十三年，解义和首充行头，因差务繁紊，赔苦不堪。呈词藩台案下蒙批，仰南阳府确查究详。今蒙府宪恩结，着应支差事，照旧办理，毋容浮派。至于席片，始有定额：每年，府、县署凉棚茶席二千三二百条，宛博林三驿每壹百条，府考八百条，院考六百条，县考三百条，教场、院府考五四百条，至有贡差换仓，以及摭抚宪阅兵，另酌办理。恐历久加增，后不复前，故立琐珉，以为千古流传云尔，是为序。

大清道光二十三年八月十二日赊旗镇过载行　仝立

清儒学武生贾公直卿墓志铭

清癸卯科举人丁酉科拔贡世愚弟冯柳华鞠躬敬撰

陕西省政府参议愚弟党晴梵鞠躬敬书

公贾姓讳廷举字直卿，世居韩城党家村，代有达人。高祖讳翼唐，修职郎大学生；曾祖讳正伦，布政司照磨；祖讳大和，武略骑尉；考讳鸣凤，儒学生员，例授文林郎；生四男二女：长廷献，甲夭；次廷荣，儒学武生；次乐天，字亦白，庚子辛丑并科举人；公其季也，幼沉毅，读书攻苦，清末造，国事阽危，弃文就武，年二十为儒学武生。嗣因列强经济侵略，改营商。南阳有祖遗田产，乃督理之。一家赖以绰裕者二十余年，公之力也。

公以有志未遂，于自温童稚就学时，即以致身国家，耳提面命。自温于第二师范卒业后，投入三原靖国军。总司令于右任先生嘉其英姿飒爽，送粤讲武堂，俾求学。毕业后，仍隶靖国军十五年。第二军失败，暂隶田某部。南口之役为国民军存亡关头。自温服膺三民主义，不以挫败灰心。驻军门头沟，乘势复归国民。国民军势转振兴，军阀对垒，虽未获若何胜利而能支持五十余日，从事牵制，国民革命军得乘虚直捣武汉，始自今日统一之局。而自温亦以效力党国，擢陆军第二十五师第七十五旅旅长及第三军第二师副师长。自温治军有纪，每驻防，父老攀援留此，皆公教督有素所致也。

公治家节俭，慷慨好施，贫乏借贷者，未尝少吝。十八年大饥，于县中村中，皆赈济数百金。祖祠颓毁，捐资重修。性沉敏洒脱，好酒。所居，花木翳然成行，庭无纤埃。虽面折人过，迨时过境迁，芥蒂不留。其所以养，盖未易及也。

元配孙，继配解、胡。子三：长自温，孙出；次自俭，解出；次子让，胡出。女三：长适张秀生，早卒；次适党衍壎；三适强荆山。孙男三：幼明、幼才、幼成。肄业本县中高学校。孙女二，幼。

公生于清同治元年七月二十二日，卒于民国十八年十一月十六日，寿六十八岁。兹以民国二十五年五月十五日安葬于党家村北新阡，丙山壬向。

铭曰：

大河之西　文山之涘　佳成郁郁　哲人葬此
忧国弃文　营家理商　所志不施　以昌其子

俭　才
孤哀子　自温　孙　幼明　泣血纳石
让　成

大中华民国二十年岁次辛未五月十五日

党家村民居调查纪念碑记

党家村始建于元至顺二年（公元一三三一年），原名东阳湾，元至正二十四年（公元一三六四年）更名党家湾，后称党家村。明弘治八年（公元一四九五年），党贾联姻，携手务农，共同经商，家业昌盛。清咸丰元年（公元一八五一年）建泌阳堡，三年告竣，村落格局基本奠定。党家村地处古韩塬，东临黄河，西枕梁山，村落依北塬，傍泌水，乃天赐之生境，村落完整，街巷有序，下村上寨，彼此呼应；瓦屋千宇，不染尘埃，堂碑楼塔，错落有致，景观极为秀丽。民居朴素，均地方特色，全面典型，呈现传统民居与村落之建筑文化，内涵极为丰富，系珍贵文化遗产，具有重要保护价值，堪称民居瑰宝。在韩城市人民政府鼎力协助下，中国西安冶金建筑学院及日本国九州大学等五十余名专家教授，于一九八七年及一九八九年两度实地调查。其间，西日本工业大学

党家村中日友好广场　　郭旭平　摄

教授本田昭四先生客逝韩城，为纪念党家村六百余年历史依存之村落，与民居及文化价值，由调查团成员及本田教授生前友好捐资建碑，永誌纪念。

中日联合党家村民居调查团

一九九二年五月

◉ 故事传说

兄弟逃荒　当年大旱成灾，先祖党恕轩和一个同姓兄弟离开家乡陕西省朝邑县，一路向北逃荒要饭，进入陕西省合阳地界时，有人正在给难民放舍饭，规定过往的难民每人可喝稀粥一碗。当时吃舍饭的人很多，他们为喝上一碗救命的稀粥而不顾一切地往前挤。党恕轩和兄弟费了九牛二虎之力才打来一碗粥，不料却在出来时碰翻了别人的粥。被碰的那人破口大骂，要求还他的粥，党恕轩无奈，只好把自己的粥送给那人喝。兄弟两人饥肠辘辘地继续往前走，来到合阳百良时，同姓兄弟两腿发软，一头栽倒在地，离开了人世。进入韩城地界后，党恕轩在大鹏一户过事的人家吃了饭，最后来到了韩城县西庄。兄弟的死亡成了党恕轩心中永远的伤痛，他一次次把这件事告诉给自己的子孙，要他们永远记住这段心酸的历史。后来党家村建起了四合院，他们就把这件事浓缩成了家训刻在砖墙之上，让后代人不忘历史，珍惜来之不易的幸福生活。这则家训是 ：“居安乐之场，要知患难人之痛痒。”

礼让分家　清朝时期，党家村人党天佑继承了父亲党玉书在河南赊旗镇参与经营的合兴发商号，后来自立门户，成立了自己的商号玉隆号，继续在河南做生意。

党天佑不时运钱财回家，在党家村修建多处房产，还置买了一些田地。眼看家业越来越大了，党天佑想到了分家。他们兄弟共三人，大哥党天保为人忠厚，在老家种田，侍奉老人 ；老二党天佑在河南做生意 ；老三党天信，自小喜读书，饱读诗书后考取功名，长期在甘肃任职。

为分家一事，他们兄弟三人找来了自己的表哥来当主持。按照韩城的习俗，分家一事本该由娘舅来主持，可因娘舅当时已经过世，无奈之下才找表哥来主持。表哥因为这件事到党家村来了好几次，都没有分成这个家。

谁都知道，分家确实不是一件好主持的事情，分的多与少，好与坏都难以让当事人满意。一般人都会为多争利益而产生纠纷。可这次分家难的原因不是争财产，而是互相礼让。大哥和三弟都不同意老二党天佑平分全部家产的提议，才让表哥无法进行。

当时大哥说 ：“家里置买这么多的家业田产，都是老二多年在河南苦心经营生意所得，说我在家侍奉老人有功，那都是应该的，不应该因为我奉养老人而均分老二购置的家产。”老大不同意均分。三弟天信说 ：“我自幼读书，没有为家庭建设出多少力，反而求学多年，没少花家里的钱财，现在虽然有微薄的俸禄，可也没有为家里添置什么，还常年在甘肃回不来，我怎么好意思分二哥创下的家业呢？只要在老家给我一处房屋就可以了，我不管什么时候回来，有个落脚的地方就很满意了。”

可坚持平分的党天佑说 ：“河南的生意是咱父亲打下的基业，我只不过是继承了父亲的基业而发达的，若没有父亲在合兴发的基础，哪里会有我后来的玉隆号啊！父亲创下的基业，咱兄弟三人就应该均分，要不是这样，我心里就不踏实。”

就这样，三兄弟在你推我让中谁都不让步，分家就成了一件难事，以至于让表哥调解了多次也没有达成满意的协议，一直拖了半年多。最后，在实在没有办法的情况下，只好请出本族几位长辈强行分了家，村中所建的房产，大哥党天保分得下巷五院 ；二哥党天佑分得大巷五院，寨子上一院 ；三弟党天信分到寨子上四院。河南商号生意分成四份，大哥和三弟各一份，党天佑两份继续经营。自此，一场长达半年之久的分家才有了圆满的结果。

慈禧赐福 党蒙考中进士后，一直在翰林院等待擢升任职。一日，慈禧太后看见党蒙，问：“你中进士几年了，怎么还在京城闲着？”党蒙如实相告，慈禧太后见他刚正稳健，不结朋党，言谈举止之间有君子之风，便钦点党蒙为刑部尚书。

又有一次，慈禧太后跟党蒙下围棋。党蒙给慈禧太后说了他父辈艰难创业、建设家乡的事，慈禧太后听后说：“这是你的福气。”高兴之余，便提笔写了个福字赐给党蒙。

党蒙没有把福字据为己有，而是把它带回家乡，以砖雕的形式镶嵌在村中一座四合院的外墙上，让村中所有人都能看得到。党蒙这样做有两个用意，一是福字是中国传统文化最吉祥的文字之一，把它刻在村中，是对村庄最美好的祈愿。二是党家村有传承家训的传统，这个福字有特殊含义，可以让村人更真切、更具体地体会怎样做人做事才能使自己有福。

避尘珠 传说明朝初年，朱元璋做了皇帝，他不忘自己曾经讨饭的心酸，当得知党家村始祖党恕轩逃荒要饭的情况后，就赐给党氏后裔 颗避尘珠，以防止沙尘落入村庄，使人们安居乐业。党家村人把这颗避尘珠安放在村边的文星阁中供奉，并派人日夜看守。夜间，它发出熠熠光芒，以穹隆状覆盖了党家村的夜空，外边的灰尘都顺着光芒形成的弧顶滑落到村外的河中，党家村因而不染灰尘。

传说归传说，但党家村不染灰尘却是不争的事实。在月朗星稀的夜晚，躺在党家村的麦场上，准会看到从崖顶刮来的北风，带着沙尘徐徐从月光中滚过，最后落在南边的河滩中。由于人们认识的水平有限，于是就借助想象力把自然现象形象化，有了避尘珠的说法。

精美的鼓形石雕　　郭枫义　摄

名人与名村

党家村代有人才出，在近700年的历史中，涌现过许多对村庄建设、稳定和发展产生重大影响的人物，还有在民族存亡的关键时刻做出重要贡献的志士仁人，激励了一代又一代党家村人。

在党家村历史上，涌现出了很多对党家村经济、文化发展，甚至对地方发展事业做出贡献的重要人物。这些人，有为民族解放运动浴血奋战者，有为进步事业奔走呼号者，有在平凡的岗位上做出突出贡献者；有商界奇才，也有博学多识的爱国知识分子，还有在民族存亡之际投笔从戎的革命军人。

◉ 传奇人物

党真　党家始祖党恕轩之长孙，明永乐十二年（1414）中举，未出仕，拟定了村落建设规划，并界定出长门、二门、三门居住与发展区域，开启了党家村建设的序幕。

党孟辆（生卒年不详）　明嘉靖至万历年间人。明嘉靖十八年（1539），干谷里各村欠赋较多，村民无力缴纳，不少人惧怕官府拘捕拷打，想逃往外乡躲避。党孟辆知道后，拿出 300 两银子代村人缴纳田赋。知县姒昂得知后，贴出布告宣扬他的事迹。嘉靖三十四年（1555），韩城一带庄稼歉收，冬季又遇地震，许多村民吃了上顿没下顿，党孟辆说：“遭此荒年，我怎能忍心向大家逼债。”遂将乡民借他的 200 多石粮食的借据当众烧毁。乡亲们十分感激，称他为“党义翁”。

一天晚上，家人捉住一个入户偷衣物的人，党孟辆见那人面黄肌瘦，知其实为饥寒所迫，当即令家人放走。

又有一天晚上，党孟辆从外边回来，在鸦儿坡村外碰到几个拦路抢劫的人，他一说话，抢劫人听出是党孟辆的声音，惊呼“原来是党义翁”，即刻散去。党孟辆有惊无险，平安回家。

党蒙（生卒年不详）　字养山，号泌亭，人称翰林。

幼年时，党蒙随父亲在甘肃古浪县学官署读书。其父党之学是清道光年间（1821—1850）拔贡，长期担任古浪县教谕。教谕属清水衙门，俸禄微薄，家境艰难，党蒙在 12 岁前不曾穿过袜子。后来，伯父党天佑在河南做生意取得很大成功，境况大有好转，但党蒙仍能恪守清贫。清光绪二年（1876），党蒙徒步赴京参加会试，一试成功，中二甲进士，旋即殿试，得选为庶吉士，入翰林院庶常馆，村人称其为翰林。又三年，经考试，入选刑部，先为四川青吏司主事，之后又先后做了员外郎与郎中。党蒙为官二十年，有二次京察被评为一等。

在任职刑部期间，党蒙曾出任钦差赴山东查办贪案，他秉公执法，拒收重贿，依律收诛贪官污吏数十人，刚正名声震动京师。20 世纪 80 年代，山东省推出的传统戏曲中即有《党蒙断案》一出。

光绪二十四年（1898），党蒙回乡祭祖，先至党族祖祠答谢祖宗庇佑，献银五百两，将祠堂翻修一新，剩余之资由祠堂放贷取利，作为每年中秋节祭祀费用，并撰书“由朝邑迁韩邑五百载人文蔚起，自元代迄清代二十世俎豆常新”一联，悬龛阁两侧，以为纪念。党蒙还给党族后三门祠堂（东报本祠）捐银200两，为曾祖父辉斋公新建祠堂一座，购土地十余亩，作为祭献费用。

光绪二十六年（1900），八国联军入侵北京，慈禧太后携光绪帝奔陕。党蒙跟随诸臣到潼关迎驾，慈禧太后谕令党蒙为云南临安知府。至昆明参见云贵总督，党蒙未按常例奉送重礼，因而生隙。在临安任上，党蒙以身示教，兴利除弊，政绩卓著。三年任满，反被总督调任到更边远的东川府，而后又顺宁府，又普洱府。党蒙尽心竭力于开化荒蛮，安境保民，书斋常悬“居身不使白玉玷，立志当与青云齐”一联以自警，常使“勤补拙，俭养廉”一印以自策。终因积劳成疾，病逝任中，享年 75 岁。

◉ 商业人物

贾翼堂（生卒年不详） 贾翼堂是合兴发商号创始人，贾族第十三世孙，清乾隆十五年（1750）到河南南阳府唐县（今河南省唐河县）经商，创立合兴发商号。清道光年间（1821—1850）将商号迁至河南南阳赊旗镇，扩大贸易范围，合兴发商号持续兴盛80余年。

党玉书（生卒年不详） 党玉书 14 岁弃学经商，进入湖北襄樊商界后崭露头角，曾在湖北襄樊设立玉隆号。20 岁时才华大显，声名远扬。乾隆四十年（1775），党玉书以西家身份与东家贾翼堂合伙经营合兴发商号。党玉书审时度势，精于筹算，他的加盟，使合兴发商号迅猛发展，业绩远远超过百年老字号恒兴桂商号，被誉为商界奇才，成为赊旗镇商界的头面人物。

党天保像
党家村景区提供，郭旭平翻拍

党天保（1931—1997） 曾任韩城第六届、七届政协委员。

党天保家境贫寒，幼年辍学。1978 年改革开放后，党天保组建了韩城市第一个建筑队，在西庄一带小有名气。党天保致富不忘乡亲，义务捐资近 3 万元用于兴学、修路，还帮助多名青年就业。

党天保仗义疏财，被群众赠以“好义乐疏，造福乡里”牌匾。

◉ 军事人物

党忠实（1906—1974） 曾用名仲实，小名庚年。

党忠实的父亲党掌定是清末武秀才。20 世纪 20 年代末，党忠实在表兄韩城民团大岭分团团长王成斋手下当勤务兵，在韩城大岭驻防。王成斋与陕北红军谢子长部建立了联系，派党忠实打入国民党西北军冯钦哉部傅临光团，做了团长傅临光的警卫。傅临光对党忠实十分信任，提拔他做了警卫长，并将干女儿许配给他。

1933 年 4 月 7 日，党忠实促成傅临光团 300 余人起义。起义部队在大岭遭到重兵包围，党忠实率残部北上参加了红军。在陕北，党忠实多次担任敢死队队长。1935 年 10 月，党忠实参加了直罗镇战役。1936 年 4 月，党忠实任刘志丹的警卫连连长，追随刘志丹渡河东征。

解放战争中，党忠实在彭德怀指挥的西北野战军中担任团长等职务，参加过沙家店、瓦子街等战役，荣获二级八一勋章、三级独立自由勋章、三级解放勋章各一枚。1954 年，被授予上校军衔。1962 年，在宁夏某军分区司令员任上病休回韩城。1974 年，病逝于韩城。

党建国（1910—1955） 字蔚之，革命烈士。

1926 年在韩城中学求学时，党建国倡导组织学联会，带领同学们痛殴贪污教育经费的县长，夺取镇压学生运动的县保警队枪支。1928 年，党建国进入西安中山大学预科。次年，进入冯玉祥创办的开封训政学院学习。其后从军于杨虎城部赵寿山团。

1930 年，党建国随杨虎城部入陕。1932 年，任韩城东北区区长。到任后，打击恶霸，组织武装，发动农民暴动。1933 年，农民围攻县城时，他佯装守城，为农民暗通消息。后遭省政府通缉，逃至陕南，重入赵寿山部，任宁陕、镇安、佛坪三县保安指挥部指挥官，兼宁陕保安大队副队长。因捕剿在宁陕奸淫抢劫、危害百姓的胡宗南部士兵，公开反对宁陕县县长迫害进步青年，被诬为共产党，再次受到当局通缉。

1937 年 5 月，党建国在担任陕西省黄龙山兵工屯垦局秘书主任时，率众攻占洛川，失败后投奔延安。其后，党建国考入国民党中央军校第二分校第 14 期第一总队，到四川铜梁受训，任 34 师某连连长。中条山战役中，党建国所在连俘获日本侵略军小川大尉及部属 10 余人。

1942 年，党建国任冀察战区第一纵队参谋长兼支队队长。冀察战区挺进军指挥孙良诚谋投日本侵略军，党建国与司令段海洲在八路军配合下，消灭孙良诚部 300 余人，扭转了鲁西局势。

日本侵略军投降后，党建国先后任 29 师副师长、33 师参谋长。1947 年 7 月，党建国出任 97 军教导总队队长兼武汉外围黄陂防区司令，计划联合 33 师起义，被觉察后，解职送往南京军训班受训。

1948 年冬，党建国返回武汉。1949 年 5 月，他密约旧部 8 人，突入驻扎在长江南岸洪水港的 33 师师部，强令师长莫国璋率部向岳阳进发。因国民党特务破坏，其他各部派出飞机、军舰追击堵截。党建国率部渡江北上，加入解放军。6 月 22 日，解放军在汉口召开欢迎大会，《湖北日报》发布了这一消息。国民党江南守军为之震动，放弃江北桥头堡数十处，撤掉了从洪水港到调玄 100 余千米江防，为解放大军南渡创造了有利条件。

1949 年后，党建国先后任中南军政大学湖北分校教导处副处长，西北军区军训处编研室主任、西北军区司令部行政经济管理处副处长等职。1955 年 8 月，因病逝世。1979 年 8 月，被追认为革命烈士。

党海滨（1919—1993） 又名海明，海民。

党海滨自幼家贫，仅读过一两年书，12 岁便挑起生活的担子，在郭庄砦联保所做勤务。

1934 年前后，年仅十五六岁的党海滨跟随一支部队到山西，走上了当兵的路。抗战初期，党海滨参加了八路军，在晋西北坚持抗战，曾担任连长职务。

解放战争时期，胡宗南重点进攻延安，党海滨所在部队划入彭德怀将军率领的西北野战军序列，参加了榆林、瓦子街、第一次解放韩城等战役。其时，党海滨担任营长。

党海滨是首批入朝的志愿军将士，担任炮兵团政委，1957 年，撤离朝鲜。1959 年，参加西藏平叛战争。1961 年后，担任成都军区后勤部副参谋长。

1993 年，党海滨病逝于成都。

文化人物

贾乐天（1835—1917） 字敦修，又字亦白。原名天乐，因仰慕唐朝诗人白居易，改名乐天。50 岁中举，因时局动荡，未入仕途。

光绪三十二年（1906），贾乐天与韩城举人薛位等人创办韩城县第一所高等小学堂，自任堂长，兼任劝学所所长，督设乡村小学一百多所。同年 12 月下旬，韩城知县张瑞玑创办《龙门报》，贾乐天出任主笔。贾乐天还承担了《韩城县乡土志》一书的润色与核定工作。

辛亥革命后，贾乐天在韩城市文庙明伦堂创办第一所女子小学堂，打破惯例聘任女教师教学。学堂除教授国学之外，还介绍西方先进科学技术。同时倡立妇女会、天足会，号召妇女放脚。贾乐天夫人刘班先，敢为人先，短发、便服、天足，人称鞑婆，用韩城土话说就是疯婆娘。贾乐天还规定自家女子不缠脚，男子不娶小脚女人。他力倡的妇女解放行动，引起封建遗老们的反对，有人在县城门旁贴出告示，说："先杀薛位后杀官，再杀举人贾乐天。"贾乐天见后，嗤之以鼻。

贾乐天唯才是教，对有作为的青年，一经发现，即大力培养。对家里贫穷无力上学的孩子，慷慨解囊予以资助。韩城四君子中的樊厚甫、高会亭、王友直等人，以及后来成为中央编译局局长的师哲，均出自贾乐天门下。

贾乐天画像

党家村景区提供，郭旭平翻拍

韩城县第一所女子学堂师生合影

党家村村委会提供，郭旭平翻拍

吉希昭（1913—2004） 1934 年，毕业于山西省立第二女子师范学校，后在韩城宫前巷女子高级小学任教。她倡导民主思想，宣传妇女自由和解放，组织妇女放脚、留短发、学文化，参加抗日救国活动。1947 年韩城解放后，积极投身减租减息、土地改革运动。1951 年以后，先后任西原、新农、学巷、陈家巷、党家村小学教员与象山中学、城关中学图书管理员。1961 年，吉希昭受组织委托筹办韩城县幼儿园，并担任园长。

吉希昭是韩城最早的女性民盟会员。1980 年，担任民盟韩城县委筹备委员会委员和民盟韩城市委第九届委员会候补委员。1984 年 9 月至 1987 年 5 月，担任政协韩城县（市）第五届委员会委员。

1985 年，73 岁的吉希昭主动联络薛敬莲、孙雪芹，连续两年在夏收期间于金城张家巷义务举办农忙幼儿园。其事迹在《陕西日报》和陕西人民广播电台作了报道，中共韩城市委、韩城市人民政府对此给予了表彰。

2004 年 11 月，吉希昭去世，有一副挽联写道："倡导妇女解放，爱国参政，品德高尚，祯州巾帼悼先驱；尽粹人民教育，克己敬业，才华超凡，韩原桃李哭春风。"

党俊鸿（1917—1978） 别名党培民。

党俊鸿像

党家村景区提供，郭旭平翻拍

1937 年 12 月，党俊鸿在三原县西岳庙小学任教时加入中国共产党。1938 年 2 月，党俊鸿和贺子猷到韩城从事革命活动。

党俊鸿在韩城的公开身份是杨村小学教员。为了便于开展地下活动，他筹办了西庄消费合作社，由贺子猷任经理，邀请绅士贾玉斋、乡长吉荫祥分别担任理事会和监事会主席，以经商为掩护，销售革命书刊。5 年多时间，党俊鸿几个人共推销《共产党宣言》《联共（布）党史简明教程》《新华日报》等书刊万余册（份）。他们组织儿童团、妇女识字班、壮丁训练班、夜校识字班，为学员教唱抗战歌曲。党俊鸿还和孙瑞臣等人联络进步青年，购买枪支，积极作暴动准备。

1940 年春，党俊鸿到党家寨初级小学任教。1941 年暑期的一天，乡公所准备晚上逮捕他，党俊鸿在地下党的掩护下撤离韩城，到陕西泾阳云阳镇小学教书，并改名党培民。1943 年 9 月，党俊鸿返回韩城，先后在西庄小学、坡底村初级小学、金城镇第二高级小学等处任教。1947 年 4 月，地下党员孙瑞臣被逮捕，组织派党俊鸿到河南方城及上海等地活动。1948 年，党俊鸿回到韩城，在韩城简易师范学校任总务主任，后又到大荔中学任校长。

1954 年 4 月，党俊鸿担任象山中学校长兼党支部书记。期间，高考成绩多居省、地上游。1959 年，高考总成绩居全省第一。1978 年 2 月，党俊鸿逝世，韩城县委、县政府为他举行了隆重的追悼会。

党丕经（1920—2003） 1946 年，党丕经加入中国民主同盟（简称民盟），投身民主革命。1949 年，在民盟西北总支部担任宣传干事。1951 年，在西北人民革命大学学习。后任西北区各民主党派干部训练班指导员。1954 年，调至中国民主促进会（简称民进）陕西省筹备委员会，参与民进陕西省委员会的筹建工作，并加入中国民主促进会（简称民进）。“文化大革命”期间回到原籍韩城。1978 年，恢复工作后离休。

1985 年，党丕经受组织委托组建民进韩城市支部，1986 年，担任民进韩城市支部主委，任韩城市第五届、六届、七届、八届人大代表和政协委员，政协韩城市第六届、七届、八届常委。在此期间，他积极参与韩城市司马迁自修大学的创建，曾任韩城市司马迁学会副主任、政协韩城市文史资料委员会副主任、韩城诗词学会顾问。

党丕经经常为政协韩城市文史资料委员会撰写文史资料，与周若祁、张光等人合编《韩城村寨与党家村民居》。

党正孙（1930—2006） 1953 年，毕业于西北医学院，1956 年 7 月，加入中国共产党。先后在中国人民解放军第四军医大学、西安医科大学任教。曾任中国医学科学院陕西分院病毒研究室主任、陕西省医学会理事、陕西省中医药研究院基础医学研究室主任等职。

党正孙撰写有《流行性乙型脑炎病毒人工感染幼羊电针疗法的初步实验》《6 种中药浸剂的抗病毒作用及其组合效应》等论著。

20 世纪 50 年代与 80 年代，党正孙曾先后三次被陕西省卫生厅和陕西省中医药研究院评为社会主义建设积极分子、先进工作者、模范党员，其业绩被录入《中国当代高级科技人才词典》《中国名医列传》。

党治国（1936—2008） 1954 年，以陕西省高考第一名的成绩被清华大学水利系录取。1957 年，反右运动中被错划为“右派分子”，到京西煤矿“劳动考察”。两年后，被召回学校。1960 年，回乡务农。1963—1970 年，在陕西省铜川市煤炭部 89 工程处从事井下掘进工作。1970 年，以“现行反革命”罪被捕入狱，先后被送到劳改工厂和劳改煤矿服刑。在狱中，党治国完成了十余项技术革新，撰写了四篇科技论文和一篇经济学论文。

1979 年，党治国被提前释放，不久平反昭雪，调至陕西煤炭建设公司从事技术工作。1984年，党治国调西安市燃料研究所工作。1986年，著名报告文学作家陈祖芬在《理论狂人——献上一位无名经济理论家》中推出了党治国的共有制理论和国企改革方案，在全国引起很大反响，数十家报刊刊发了摘要。1987 年，党治国调入西安市社会科学院从事经济理论研究，重点攻研所有制问题，著有《论社会主义模式的转换》一文，在社会上产生巨大反响。1988 年，党治国被破格晋升为副研究员。1996 年退休。2008 年 4 月，党治国在西安去世。

党治国一生潜心于经济理论和历史文化的研究，主要著作有《理论信仰现实》《政治经济学批判——半个地球一个世纪的迷误》《埋没的思想》《和谐社会》《天赋私产宣言》《科学的良心》《传统的力量——长篇文学评论》《陕北民企调查》《人的发现与自觉》等。

党尔廉（1937—2006） 1959 年，毕业于西安音乐学院声乐系，后在福建艺术学院任教。1962 年底调回陕西，先后在陕西省歌舞剧院乐团、歌舞团工作，国家二级演员。1980 年 6 月，加入中国共产党，1984 年后任陕西省歌舞剧院歌舞团副团长、党支部书记。

党尔廉是中国音乐家协会会员，优秀歌唱家，曾多次参加接待外国元首的重要演出活动。他演唱的代表歌曲有《跳蚤之歌》《伏尔加船夫曲》《长征组歌》《沙家浜》《白毛女》《风雷颂》等。

1971 年，中央人民广播电台录制了党尔廉的《军民大生产》《光辉的五七道路》主题歌。1976 年、1980 年，陕西省电台、电视台专题采访录制了他演唱的《水调歌头 · 粉碎“四人帮”》《世界人口将成倍往上翻》等歌曲。党尔廉多次被陕西省直属机关工作委员会和陕西省文化厅评为优秀党员、优秀党务工作者。其业绩被编入《陕西省文化艺术名人录》《中国文艺家传集》。

大事纪略

在686年的历史进程中，党家村这片热土发生了许多重要事件。大事纪略从不同的角度，简明扼要地记录了这个中国历史文化名村所走过的历程，以及一代代党家村人的家国情怀。

在686年的历史进程中，党家村经历了风风雨雨和各种考验，实现了由一两户人家的小村到村寨合一的大村的转变，由默默无闻的小山村到中国历史文化名村的转变。

◉ 党恕轩建村

元至顺二年（1331），关中地区大旱，党恕轩由陕西省朝邑县流落到韩城县西庄东南泌水河畔的白庙，靠租种白庙的寺田谋生。几年后，党恕轩迎娶邻村下甘谷村一位樊姓女子为妻。党恕轩生有四子，除老四党君明赴甘肃屯田未归外，老大党君显、老二党君仁、老三党君义分立为党家村党族的长门、二门、三门。父子几人艰难求生，耕作之余，兼做小买卖，教养后代读书上进，党家村村庄雏形形成。

◉ 贾姓入村

贾伯通（1343—1380），元朝时由山西洪洞县迁入韩城，靠经商为生。明弘治八年（1495），贾伯通的五世孙贾连与党家村一党姓女子联姻，生子贾璋。贾璋于明嘉靖四年（1525）以外甥身份定居党家村。贾伯通被奉为贾氏迁韩之始祖，从建村迄今，贾族在党家村已传至25代。

◉ 党真布局

明宣德元年（1426），因人口增多，小坡崖难以容纳族众，党恕轩长孙，党家村的第一个举人党真建议将村庄下迁至泌水河谷北岸并界定出党族长门、二门、三门居住和发展的区域，村落也从窑居转变为屋居。至此，党家村完成了早期村庄的定型。

◉ 名震南阳

清顺治年间（1644—1661），党家村党族二门第十一世党德佩，只身携带两捆棉花前往河南南阳瓦店镇做生意，于康熙元年（1662）创立恒兴桂商号。党德佩与儿子党景平抓住商机，做大商号，于雍正初年成为瓦店商业盟主，开创了党家村延续200余年的商业繁荣局面。

◉ 古村始成

清咸丰元年（1851），时局动荡不安，清政府谕令民间筑寨自保。党家村在举人党遵胜、贡生党之学倡议下，开始筹建泌阳堡。泌阳堡耗银 1.86 万两，于咸丰六年（1856）建成，党家村村寨合一格局形成。

◉ 贾乐天办学

清光绪三十二年（1906），贾乐天与薛位等人创办韩城县第一所高等小学堂，亲任堂长，兼任劝学所所长，督设乡村小学数百所。1911 年后，贾乐天又创办韩城县第一所女子小学堂，亲任堂长，并打破传统，聘任女教师给学生授课。学校除教授国学外，还学习西方先进的科学技术。为改革陋习，教育大众送女子上学读书，贾乐天鼓励自家女性不缠足、剪短发，到女子学校读书。

◉ 秦保善抢掠

1918 年，靖国军中的杂牌军秦保善营入驻韩城。秦保善坐地为王，肆意敲诈勒索。一次，秦保善率部前往县北，被党家村人党天成率领的民团拦截在小渠沟岸。1918 年农历九月初一，恼羞成怒的秦保善率部 700 余人攻入党家村，焚毁党天成宅院，杀死村民 2 人，掳走村民 4 人，抢劫的金银财物、绫罗绸缎足足装了 20 多个马车。

◉ 发现党家村

1989 年 5 月，日本九州大学青木正夫教授、日本工业大学工业博士本田昭四，率领 20 余名日本专家学者来到党家村考察民居建筑。本田昭四激动不已，在来到韩城宾馆就餐时突发心脏病身亡。1992 年，青木正夫用日文写成《党家村》一书，党家村开始进入媒体视野。

◉ 推出党家村

1992 年，党家村成立党家村旅游开发公司，开发党家村旅游资源，公司成立当年就获得利润。此后党家村在各级政府的关怀和支持下，大力发展旅游产业。2008 年，党家村景区管理委员会成立，党家村迎来了新的发展机遇。经过多年不懈努力和发展，党家村逐渐声名远扬，吸引着八方来客。

◉ 入列名村

1999 年 10 月，党家村古民居被公布为韩城市文物保护单位。2001 年 6 月，中华人民共和国国务院公布党家村古建筑群为全国重点文物保护单位。自此后，党家村 18 处公用设施和 123 户古民居四合院被列入重点保护范围。2003 年 10 月，党家村入选中华人民共和国建设部公布的第一批“中国历史文化名村”名单。2016 年 12 月，党家村景区被评为国家 AAAA 级旅游景区。

泌阳堡内的巷道　　郭枫义　摄

附录

党家村古村落的形成和发展经历了一个漫长的演变过程，这些可以从旧志、家谱甚至歌曲中窥见一斑。

◉ 文献辑要

人口和风俗习惯

户丁 干谷里，户五十八，丁四百六十六。[①]

风俗 商贾之利，县北为多。前志所称，南敦稼穑，北尚服贾者，以其大较也。[②]

国朝户丁补 按每年秋后清查，保甲更换门牌，二十二年编得……西乡共九十三村庄，共四保三十四甲三百四十一牌。共土著烟户三千一百四十三户，共男妇大小一万三千三十四名口；客户二百五十九户，共男妇大小四百二十三名口。[③]

人物和地理

党孟鞆 党孟鞆，干谷里人。嘉靖乙亥岁，里有逋赋，众不能办，议他徙，以避夏楚。鞆闻而尼之，乃捐三百金代输焉。里众感鞆急，闻于知县姒昂，榜诸邑门，以旌之。嘉靖乙卯岁，秋霜杀禾，冬，地又震。鞆有粟三百石，贷者不能偿，鞆悉出券焚之。曰："岁厄如此，不忍相迫也。"乡党闻之，共颂其义，又夜尝有窃衣帛者，家人觉而缚之。旦视，则菜色人也，鞆不讯而释焉。事传遐迩，人遂号为"党义翁"。一日暮归，遇御人者于鸦儿坡，势将被执，闻鞆语，骇曰："乃党义翁也！"各避易去。至今里巷相传，以为侈谈云。[④]

山覭乡 县之西区曰山覭乡，以万里山重叠故名。管里七，曰：王士里、姚庄里、梗村里、寺庄里、干谷里、郭庄里、赵西里。虽曰西乡，地多杂北。

干谷里在寺庄、郭庄之东，薛曲周安之西，地皆平原，惟烟户迁于山者最多。党家村、薛庄村均设初等小学堂。[⑤]

---

① 选自清乾隆《韩城县志·明户丁》。

② 选自清乾隆《韩城县志·风俗》。

③ 选自清嘉庆《韩城县续志》。

④ 选自清乾隆《韩城县志》。

⑤ 选自清嘉庆《韩城县续志》。

◉ 家谱中的党家村

《党族家谱》序[①] 元至顺二年，先祖恕轩公自同州府朝邑县迁居韩城县北乡白庙东南之泌水河北，立庄名东阳湾。及元至正二十四年更名党家河。至正二十八年元为明所灭，明太祖朱元璋即位，建都金陵，国号大明。自洪武元年归明朝统治。“且夫百行之原莫先于孝，而尽孝之道贵于追远。余永乐二年，阴拜祖茔，念及始祖远莫知之，请问于父，父曰：同州府朝邑县有祖茔。曾祖讳慎贞、妣倪太君葬于朝邑，生祖恕轩及其兄弟。余略记其祖之脉源，昭兹于来许，敢云用言孝思而忝于所生乎。明永乐二年季春曾孙党真谨记于书斋。”

《党族祖宗原籍家谱考察纪要》[②] 党族祖宗本籍山西省永济县陈村。世居本籍祖宗之远化一裔孙党利，于南宋初年来到陕西省朝邑。先在黄河滩租地耕种，而后经商贩盐，生意兴盛。遂于南宋绍兴二十二年，至陕西省朝邑县营田庄（今营南村）落户，农商并举。既而子孙繁衍，人丁增多，迁往营西村，安居乐业。党利系党恕轩太高祖，为适居朝邑县营西村之始祖也。至党恕轩辈为第六世。党恕轩兄弟七人，其人行七；迁徙异地定居者四人。党恕轩于元至顺二年移居韩城北乡，创建党家村。

《贾族家谱》序[③] 尝谓木有本水有源，人生只有祖宗，犹木之有本水之有源也。人不知敬祖宗，独不思不有祖宗何得有几乎。曾子曰：慎终追远。孔子云：生事奠祭必以礼者，正欲人敬祖宗以尽孝子之道焉耳。凡今之人读圣贤书，所学何事，□于祖宗而不思致敬尽礼乎。古余祖宗之寄籍韩邑，相传一十七世，越四百余年。岁月久远简编残缺，其详不可得者，然幸未尽失窃。略誌之。

始祖伯通原系山西洪洞县人，元顺帝时，经商至韩。顺帝末年，天下大乱。大明洪武出而定鼎，遂寄籍韩邑。溥彼韩城四十四里。我始祖居住贾村乃为贾村里人也。后移居邑中，娶解氏，乃土门口薛村解氏之女也。生四子，长名思义，娶李氏。次名思恭，少亡。三名思温，娶张氏。四名思聪，娶程氏。思温失其所考。思聪即今之林皋村祖是也。其井口有记焉。

始祖生于元至正三年九月二十四日，享年六十四岁。卒于洪武十三年十二月十一

---

① 党家村村民党康琪提供。

② 党家村村民党康琪提供。

③ 党家村村民党康琪提供。

日，解氏生死失考，卜阴宅于县城西北薛村村后葬之。其地官尺四亩。

◉ 歌曲

有一个古老的村庄

1=♭B $\frac{4}{4}$
韩城秧歌风

秦引浪 词曲

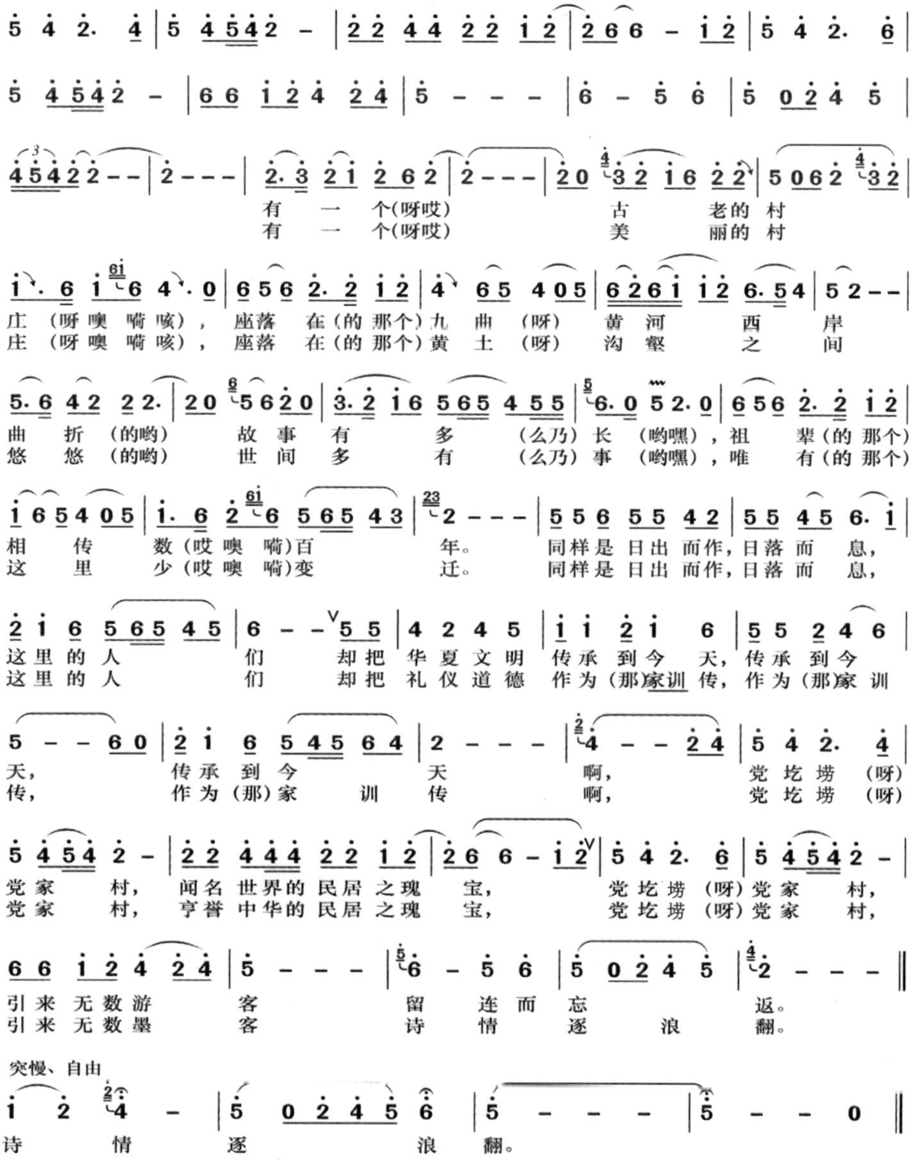

有 一 个(呀哎) 古 老的 村
有 一 个(呀哎) 美 丽的 村

庄（呀噢 嗬 咳），座落 在(的 那个)九 曲 (呀) 黄 河 西 岸
庄（呀噢 嗬 咳），座落 在(的 那个)黄 土 (呀) 沟 壑 之 间

曲 折 (的哟) 故 事 有 多 (么乃) 长 (哟嘿)，祖 辈(的 那个)
悠 悠 (的哟) 世 间 多 有 (么乃) 事 (哟嘿)，唯 有(的 那个)

相 传 数(哎 噢 嗬)百 年。同样是 日出 而作，日落 而 息，
这 里 少(哎 噢 嗬)变 迁。同样是 日出 而作，日落 而 息，

这 里 的 人 们 却 把 华 夏 文 明 传 承 到 今 天，传 承 到 今
这 里 的 人 们 却 把 礼 仪 道 德 作 为 (那)家 训 传，作 为 (那)家 训

天， 传 承 到 今 天 啊， 党 圪 塄 (呀)
传， 作 为 (那) 家 训 传 啊， 党 圪 塄 (呀)

党 家 村， 闻 名 世 界 的 民 居 之 瑰 宝， 党 圪 塄 (呀) 党 家 村，
党 家 村， 享 誉 中 华 的 民 居 之 瑰 宝， 党 圪 塄 (呀) 党 家 村，

引 来 无 数 游 客 留 连 而 忘 返。
引 来 无 数 墨 客 诗 情 逐 浪 翻。

突慢、自由

诗 情 逐 浪 翻。

◉ 主要参考文献

1. 黄德海著：《变迁——一个中国古村落的商业兴衰史》，人民出版社，2006年。

2. 李文英著：《民居瑰宝党家村》，陕西人民教育出版社，2002年。

3. 韩城市志编纂委员会编：《韩城市志》，三秦出版社，1991年。

4. 中央纪委监察部网络中心编：《中国家规》，中国方正出版社，2017年。

5. 杨银鹏：《党家村与南阳的唐白河》，《南阳日报》，2009年2月19日。

◉ 编纂始末

《中国名村志丛书·党家村志》是在陕西省韩城市地方志办公室主持下，由韩城市地方志办公室会同西庄镇政府，组织各方力量编写的一部志书。为了编好这部志书，2017年2月，韩城市根据中国地方志指导小组《关于印发〈中国名村志文化工程实施方案〉的通知》精神要求，成立韩城市西庄镇党家村志编纂委员会和编辑部，启动《中国名村志丛书·党家村志》编写工作。编纂委员会主任由韩城市委常委、常务副市长张喜担任，副主任由西庄镇镇长孙大鹏、韩城市地方志办公室主任冯增录担任；编辑部主任由韩城市地方志办公室主任冯增录担任，面向社会聘请志书编纂专家强尚龙、郭枫义担任编辑，专业摄影师郭旭平负责摄影。同时，西庄镇政府指派副镇长陈光、郭燕青负责协调和资料搜集工作。

2017年2月底，编辑部根据《中国名村志文化工程实施方案》的要求，制定编纂实施计划，并列出资料收集目录，放弃春节休息时间，进村入户，收集图片、文字资料，查阅相关史料，拟定编写大纲。2017年3月，韩城市地方志办公室和西庄镇政府先后5次组织召开村组干部会议，并邀请5名专家，对编写大纲进行讨论、修改和完善，确定了基本篇目。

2017年4月，韩城市地方志办公室组织确定了2名专家和1名专业摄影师，集中进行编纂、实地拍摄，五易其稿，完成了编写任务。5月，韩城市地方志办公室和西庄镇政府联合召开评审会议，对志稿进行了评审。6月，编辑部根据评审意见进行修改补充，完成初稿。7月，陕西省地方志办公室召开《中国名村志丛书·党家村志》评审会，与会专家在对志稿给予充分肯定的基础上，指出问题，提出修改意见。编写人员再次根据修改意见，理顺篇目，深入挖掘资料，对志稿进行补充加工，最终完成了编纂工作。《中国名村志丛书·党家村志》共分为跨越686年风雨的党家村、基本村情、文物胜迹、崛起之路、特色文化、旅游开发、风土民情、村民生活、艺文杂记、名人与名村、大事纪略、附录、主要参考文献、编纂始末 14 个篇目 28 万字，客观、系统记述了党家村古村落的发展变化进程和改革开放成果，对于保护抢救、传承保存、开发利用宝贵的村落文化有着重要的意义和价值。

党家村是一个拥有 686 年历史的传统古村落，具有北方传统民居的典型特征，被誉为“东方人类古代传统民居村寨的活化石”，是中国历史文化名村。村中拥有像四合院、泌阳堡、文星阁、节孝碑等众多有着厚重历史积淀的国家级重点文物，尤其是它独特的门楣文化、家训文化和风水文化，以及村庄中随处可见的石雕、木雕和砖雕艺术，具有很高的艺术价值、学术价值和研究价值，受到了中央、省、市各级领导的重视，越来越多的人开始关注党家村。她就像一位养在深山里的闺秀，吸引着全世界的目光。给这样一个村庄编写志书，难度可想而知。

为了确保志书的客观性和真实性，我们严格按照《中国名村志基本篇目》的要求，对党家村的经济社会发展情况以及文物、旅游、风俗民情等方面做了全面、客观、公正的载录。同时，为了增强志书的可读性，我们在尊重志书体例的基础上，对村庄的形成发展和陕商文化做了适当探讨。

在志书编纂过程中，韩城市长褚锦锋，韩城市委常委、常务副市长张喜对编纂工作给予了高度重视和极大的关心支持，多次了解名村志编纂情况，解决编纂过程中存在的实际困难和问题；西庄镇镇长孙大鹏多次组织召开村组干部会议和村民代表会议，专题研究名村志工作，使编纂工作得以顺利进行。在此，谨代表《中国名村志丛书·党家村志》编纂委员会向他们表示崇高的敬意，并向对本书编写提供重要帮助的党康琪、陈文野、郭海彬、高少武、王兆义、孙东侠等人，以及党家村的贾敦礼、师水阁、董玉珍、党西虎等人，致以衷心的感谢。

这部志书编写时间有限，写作过程又遭遇到了前所未有的困难，第一手资料严重缺乏，同时我们知识水平和认识水平有限，差错在所难免，还望大家谅解。希望我们编写的这部志书能够成为外界了解、研究党家村的一个窗口，为党家村的发展带来新的机遇，拓展出新的空间。诚如此，方不辱编写此书的初衷。

编者

2017 年 5 月